JN411407

자기만의 방

자기만의 방

버지니아 울프 | 정윤조 옮김

문예출판사

A Room of One's Own

Virginia Woolf

차례

- 본문의 주에서 '원주'라고 표기된 것 외는 모두 옮긴이 주다.
- 국내에 번역되지 않았거나 필요하다고 판단한 경우에만 작품의 원명을 함께 표기했다.

이 에세이는 1928년 10월 뉴넘칼리지의 예술학회와 거턴칼리지의 문학회 오타(Odtaa)에서 발표한 강연문 두 편에 기초한다. 모두 읽기에는 강연문의 분량이 너무 많아서, 추후에 내용을 수정하고 보충했다.

1

여성과 픽션에 대한 이야기를 부탁했는데, 자기만의 방이 무슨 상관이냐고 물으시겠지요? 이제 설명해볼게요. 여성과 픽션에 대해 이야기해달라는 부탁을 받고, 저는 강둑에 앉아서 그 두 낱말의 의미를 생각해보았어요. 단순히 생각하면, 패니 버니*에 대해 몇 마디 언급하고, 제인 오스틴에 대해서는 그보다 조금 더 길게 이야기한 다음, 브론테 자매에게 찬사를 바치며 그녀들이 살던 호어스 사제관(司祭館)의 눈 덮인 모습을 묘사하고, 미트퍼드 양**에 대해 농담 몇 마디를 하고, 존경하는 마음을 담아 조지 엘리엇의 작품을 조

* Frances Burney, 1752~1840. 영국의 여성 소설가다.

** Mary Russell Mitford, 1787~1855. 영국의 극작가, 시인, 수필가다.

금 언급하고, 개스켈 부인*에 대한 이야기로 마무리하면 충분할 것 같고, 또 보통은 그렇게 하겠지요. 그러나 다시 생각해보면 두 낱말에 담긴 뜻은 그렇게 단순하지 않아요. 여성과 픽션이라는 제목이 뜻하는 바는, 그리고 강연을 부탁하며 제게 기대한 바는 아마도 여성과 여성의 특성, 여성과 여성이 창작하는 픽션, 여성과 여성에 관한 픽션 가운데 하나일 텐데, 이 세 가지 관점은 서로 복잡하게 얽혀 있으니 어쩌면 여러분은 제가 세 가지 모두 염두에 두고 강연하기를 바라는지도 모르겠어요. 가장 흥미를 끄는 마지막 관점에서 이 주제를 바라보니, 금세 중대한 문제점 하나가 눈에 띄었어요. 그건 바로 절대로 결론을 낼 수 없는 주제라는 점이었어요. 한 시간 강연이 끝난 후에 여러분이 공책 책갈피에 담아가서 벽난로 선반 위에 영원히 보존할 만한 완전무결한 진리를 한 조각씩 나눠드리는 게 제가 생각하는 강사의 첫째 의무인데, 결국은 그 의무를 충족시키지 못하리라는 생각이 들었어요. 저는 그저 사소한 한 가지 사안에 대한 제 의견, 즉 여성이 픽션을 쓰고자 한다면 돈과 자기만의 방이 필요하다는 주장을 제시할 뿐, 여성의 본성과 픽션의 본질이라는 거대한 질문에는 아무런 답을 내놓지 못한다는 사실을 여러분도 곧 알게 되실 거예요. 지금껏 저는 이 두 질문에 대한 결론을 내야 할

---

* Elizabeth Cleghorn Gaskell, 1810~1865. 영국의 여성 소설가이자 전기 작가다. 작품 속에 극빈층의 삶을 포함하여 빅토리아 여왕 시대의 사회상을 담았다.

의무를 애써 미뤄왔고, 제게 여성과 픽션은 여전히 풀리지 않은 문제예요. 그래서 저는 원래 주제에 대한 결론을 대신해서, 제가 어떤 과정을 거쳐 자기만의 방과 돈에 대해 지금과 같이 생각하게 되었는지 보여드리려고 해요. 지금의 결론에 이르기까지 저를 이끈 생각의 흐름을 여러분 앞에서 되도록 있는 그대로 자유로이 전개해볼 생각이에요. 이 이야기 뒤에 자리 잡은 저의 생각과 편견들을 숨김없이 보여드리면, 여러분은 그 가운데 어떤 것은 여성과, 또 어떤 것은 픽션과 관련된 내용임을 알게 되실 거예요. 성(性)에 관한 문제처럼 논쟁거리가 될 만한 주제를 다룰 때면 누구든 진실을 그대로 말하기는 어려워요. 그저 어떤 의견을 갖게 된 과정을 밝힐 뿐이지요. 청중이 화자의 한계와 편견과 개성을 지켜보며, 그들 나름대로 결론을 이끌어낼 기회를 제공할 뿐이에요. 지금 우리가 말하는 픽션은 때로는 현실보다 더 많은 진실을 담기도 한답니다. 그래서 저는 소설가로서 지닌 모든 특권과 재량을 발휘해서, 제가 이곳으로 오기 전 이틀 동안의 이야기를 여러분께 들려드릴 생각이에요. 어깨를 짓누르는 이 무거운 주제를 제가 어떻게 고민하고, 그 고민이 제 일상과 어떻게 맞물렸는지를 말이죠. 앞으로 묘사하려는 내용이 모두 허구며, 옥스브리지와 퍼넘 역시 가상의 단체임을 따로 밝힐 필요는 없겠지요. '나' 역시 실존하지 않는 누군가를 쉽게 일컫기 위해 고른 낱말일 따름이에요. 이제부터 제 입술 사이로 흘러나오는 말은 모두 거짓이지만, 어쩌면 얼마간의 진실이 섞여 있을지도 몰라요. 진실을 찾아내고, 그 내용이 기억할 만한지 판단하는 건 여러분 몫이에요. 만약 그럴 만한 가치가 없다면 여러분은 저의 이야기를 휴지통에 던져 넣고 결국 까맣게 잊고 말겠지요.

자, 이제 한두 주 전으로 돌아가면, 저는(이름은 메리 비턴이든 메리 시턴이든 메리 카마이클이든 내키는 대로 부르세요. 이름 따위는 전혀 중요치 않으니까요.) 날씨 맑은 10월 어느 날 강둑에 앉아 생각에 잠겨 있었어요. 앞서 말한 멍에의 무게 때문에, 다시 말해 온갖 편견과 격정을 불러일으키는 주제인 여성과 픽션에 대해 어떻게든 결론을 이끌어내야 하는 무거운 책임 때문에 고개가 절로 숙여졌어요. 제 양옆에는 이름 모를 떨기나무 덤불이 있었는데, 황금빛과 진홍빛을 띤 이파리들이 어찌나 선명한지 마치 열기를 내뿜으며 불타오르는 듯했어요. 건너편 강둑에는 버드나무들이 끝없는 비탄에 잠긴 듯 어깨 위로 머리카락을 늘어뜨린 채 흐느꼈지요. 강은 마음 내키는 대로 하늘과 다리와 불타는 나무의 모습을 비추고, 강물 위 그림자는 어느 남자 대학생이 탄 노 젓는 배가 한가운데를 가르고 지나도 어느새 아무 일 없다는 듯 다시 온전한 모습으로 돌아갔어요. 그곳은 온종일 앉아서 생각에 잠겨 있기에 딱 좋은 곳이었어요. 생각—실은 생각이라고 부르기도 민망한 것이지만—이 강물 속으로 낚싯줄을 드리웠어요. 물그림자와 수초 틈바구니에서 이쪽저쪽으로 쉴 새 없이 흔들거리며, 물이 흐르는 대로 떠오르고 가라앉기를 반복하다 보면, 어느 순간 묵직한 생각 덩어리가 줄 끝에 걸려들지요. 여러분도 아시겠지만 그럴 때면 조금씩 힘 겨루기를 벌이며 신중하게 줄을 끌어당겨서, 조심스레 물 밖으로 끄집어내곤 하죠? 아아, 풀밭에 내려놓고 보니 저의 생각은 어찌나 작고 보잘것없던지, 현명한 낚시꾼이라면 요리해서 먹을 만한 크기로 자라게끔 강으로 돌려보낼 만큼 조그만 물고기 같았어요. 그 생각이 무엇인지는 지금은 굳이 말씀드리지 않을게요. 이제부터 저의 이야기에 귀를 기울이면 아마 눈치채실수 있을 거예요.

제가 잡아올린 생각은 보잘것없이 작기는 해도 그 나름대로 신비로운 구석이 있었어요. 머릿속에 풀어놓으니 이내 무척 흥미롭고 값어치 있는 생각으로 자라나더니, 쏜살같이 헤엄치며 수면 아래로 내려가서 이곳저곳을 쏘다니며 다른 생각들을 헤집고 어지럽히는 통에 저는 가만히 앉아 있을 수가 없었어요. 어느덧 저는 몹시 빠른 걸음으로 어느 풀밭을 가로질러 걷고 있었어요. 바로 그때 남자의 모습을 한 무언가가 나타나 제 앞을 가로막았어요. 짧은 모닝코트와 이브닝 셔츠를 차려입은 그 묘한 형체는 요란스럽게 몸을 움직였는데, 처음에 저는 그게 저를 향한 몸짓이라고는 생각지도 못했어요. 그의 얼굴에는 분노와 기막혀하는 기색이 역력했어요. 그 순간 저를 도운 건 이성이 아닌 본능이었어요. 그는 대학 행정관이 분명했고, 저는 한낱 여자일 뿐이었지요. 제가 걷던 곳은 잔디밭이고, 보도는 저 옆에 따로 있었어요. 잔디밭에 들어설 수 있는 건 연구원과 학자들뿐이고, 저는 자갈길로 다녀야 했던 것이지요. 이 모든 생각이 머릿속에서 순식간에 정리되었어요. 제가 보도로 돌아가자 비로소 행정관은 두 팔을 내렸고, 그의 얼굴도 평정을 되찾았어요. 걷기 편하기로는 물론 잔디밭이 자갈길보다 낫지만, 제게는 어느 쪽이든 크게 불편하지 않았어요. 어느 대학인지는 몰라도 그곳 연구원과 학자들에게 불만이 있다면, 자기들이 300년 동안 가꿔온 잔디밭을 아끼느라 제 머릿속 작은 물고기를 쫓아버렸다는 사실뿐이었어요.

도대체 무슨 생각을 하다가 잔디밭을 가로지르는 대담한 일을 저질렀는지는 결국 잊고 말았어요. 그때 평화의 정령이 구름처럼 하늘에서 내려왔어요. 이 세상에 평화의 정령이 깃드는 곳이 한 곳뿐이라면, 그곳은 날씨 맑은 10월 아침 옥스브리지의 네모진 건물과 그 안에 자리 잡은 안뜰일 거예요. 대학 교정을 한가로이 거닐며 유서 깊은 여러 건물을 지나다 보니 조금 전의 씁쓸한 기분은 어느덧 멀리 사라졌어요.

몸은 소리가 새어들지 않는 마법 유리장 속에 있는 듯하고, 마음은 (다시 잔디밭에 들어가지 않는 한) 현실과 따로 떨어져 그때그때 떠오르는 생각에 빠져들었지요. 그러다 문득 여름방학 중인 옥스브리지를 방문하는 내용의 오래된 수필 한 편이 떠올랐고, 그 수필을 쓴 찰스 램 — 윌리엄 새커리가 그의 편지를 이마에 대면서 성(聖) 찰스라고 불렀다는 찰스 램이 떠올랐어요. 아닌 게 아니라, 램은 모든 죽은 이들 가운데 (지금 저는 생각나는 대로 여러분께 말씀드리고 있어요.) 가장 호감이 가는 분으로, 언젠가 만날 날이 온다면 그런 수필을 어떻게 썼는지 가르쳐달라고 조르고 싶을 정도랍니다. 저는 그분의 수필이 모든 면에서 완벽한 맥스 비어봄의 수필보다도 뛰어나다고 생각하는데, 그 이유는 작품에 드러나는 그 번뜩이는 상상력과 천둥처럼 울리는 천재성이 작품을 흠집 내고 불완전하게 만드는 동시에 별처럼 빛나는 시(詩)로 탈바꿈시키기 때문이지요. 램이 옥스브리지를 찾은 건 아마 100년 전일 거예요. 제목은 기억나지 않지만, 램은 여기서 밀턴의 친필 원고를 보고 그에 관한 수필을 한 편 썼어요. 밀턴의 작품 가운데 〈리시다스〉라는 시의 원고였을 텐데, 램은 〈리시다스〉가 지금과는 전혀 다른 낱말들로 구성될 수도 있었다는 사실을 알고 충격을 받았다고 해요. 그렇게 위대한 시를 이루는 낱말들을 고치는 밀턴의 모습을 상상하는 건 램에게 신성모독과 다를 바 없었지요. 이런 생각을 하면서 저는 기억나는 대로 〈리시다스〉의 구절들을 떠올렸고, 밀턴이 어떤 낱말을 왜 바꾸려 했는지 추측하며 즐거운 시간을 보냈어요. 그러다가 문득 램이 본 그 원고가 불과 몇백 미터 떨어진 곳에 있으며, 램의 발자국을 따라 네모진 안뜰을 가로지르면 보물을 간직한 저 이름난 도서관에 들어갈 수 있다는 생각이 떠올랐어요. 그런 생각을 실행에 옮기며, 저는 저 이름난 도서관에는 새커리가 쓴《에즈먼드》의 원고도 있다는 사실을 기억해냈어요. 흔히 비평가들은 새커리의 소설 가운데《에즈먼드》가 가장 완벽하다고 평가해요. 하지만 제 기억이 맞다면 18세기식 문장을 흉내 내는 뽐내는 투의 문체 때문에 읽기 쉽지 않은 작품인데, 만약 새커리 본인에게 18세기식 문체가 정말 자연스러웠다면 저의 평가는 정당치 못한 비판이겠지요. 이는 새커리의 친필 원고를 보며, 글을 고칠 때 문체와 의미 가운데 어느 쪽을 우선했는지 확인하면 쉽게 알 수 있는 일이에요. 그러나 우선 문체란 무엇이며, 의미는 또 무엇인지부터 결론 내려야 했는데, 그 문제는— 정신을 차리고 보니 어느새 저는 도서관 출입문 앞에 서 있었어요. 제가 문을 열자, 하얀 날개 대신 검은 가운을 펄럭이는 수호천사가 제 앞을 가로막는 듯 머리가 희끗희끗하고 상냥한 신사 한 분이 얼른 나오시더니 곤란하다는 표정을 지으며, 여성은 대학 소속 연구원과 동행하거나 소개장을 지참하지 않고는 도서관에 출입할 수 없다고 나지막이 말하며 돌아가라고 손짓을 했어요.

웬 여자가 저주했다고 해도 저 이름난 도서관은 눈도 깜짝하지 않겠지요. 그 고상하고 평온한 공간은 모든 보물을 가슴속에 꽁꽁 감춘 채 드높은 긍지에 취해 잠이 들었고, 제게는 앞으로도 영영 깨지 않을 잠에 빠져든 것과 다름없겠지요. 분노에 사로잡힌 저는 계단을 내려오며 다시는 잠든 메아리를 깨우지 않겠다고, 다시는 그들의 호의를 바라지 않겠다고 다짐했어요. 점심때까지는 아직 한 시간이 남았는데, 무얼 해야 좋을까요? 풀밭을 거닐까요? 강가에 앉을까요? 더없이 아름다운 가을 아침, 나부끼는 낙엽이 땅을 빨갛게 물들였어요. 둘 가운데 어느 쪽을 하더라도 좋을 날이었어요. 그때 제 귀에 음악 소리가 들려왔어요. 어디선가 예배 혹은 성찬식이 진행 중이었어요. 예배당 문 앞을 지나는데 장엄한 오르간 소리가 구슬피 들려왔어요. 그렇게 화창한 날씨에는 비탄에 찬 성가조차 옛 슬픔의 추억을 노래하는 듯 들리고, 오래된 오르간의 앓는 소리조차 평화롭게만 들렸어요. 들어갈 수 있다 해도 들어가고픈 마음은 들지 않았어요. 이번에는 예배당지기가 앞을 막아서며 세례 증명서나 학장이 쓴 소개장을 보여달라고 할지도 모르니까요. 그렇지만 이렇게 장엄한 건물은 보통 내부 못지않게 겉모습도 볼 만하답니다. 게다가 모여든 군중이 들고 나기를 반복하며, 벌집 입구에 모인 벌 떼처럼 예배당 문 앞에서 북적이는 모습을 지켜보는 것도 나름대로 재미있었어요. 모자를 쓰고 가운을 입은 사람이 많았고, 몇몇은 모피를 어깨에 두르고 있었지요. 휠체어를 탄 사람도 보이고, 중년이 넘지 않은 나이에도 어찌나 기이한 모습으로 구겨지고 짓눌렸는지 마치 유리 어항 속 모랫바닥을 힘겹게 오가는 거대한 게나 가재처럼 보이는 사람도 있었어요. 벽에 기대어 선 채 그런 모습들을 지켜보자니, 대학이란 런던 스트랜드가(街)에 던져놓고 제 힘으로 살아남으라고 내버려두면 이내 멸절할 희귀종들을 보존하기 위한 보호구역이 아닌가 하는 생각마저 들었어요. 나이 많은 학장과 늙은 학생감에 관한 옛이야기가 떠올랐지만, 미처 휘파람을 불 용기를 내기도 전에 — 나이 많은 아무개 교수는 휘파람 소리를 들으면 곧바로 말처럼 달려온다는 소문이 있었거든요 — 그 기품 넘치는 군중은 모두 건물 안으로 들어갔어요. 이제 볼 만한 건 예배당 건

물뿐이었지요. 여러분도 잘 아시다시피 높은 돔 지붕과 첨탑은 항해만 계속할 뿐 결코 목적지에 닿지 않는 범선을 닮았고, 밤에 불을 밝히면 몇 킬로미터 떨어진 언덕 너머에서도 잘 보이지요. 짐작컨대 잔디가 곱게 자란 안뜰과 당당한 대학 건물들과 예배당도 한때는 늪지였을 테고, 풀이 물결치고 돼지들이 먹이를 찾아 헤집고 다니던 곳이었을 테지요. 말과 황소가 끄는 수레가 먼 지방에서 돌을 날라오면, 제가 선 곳에 그늘을 드리운 저 잿빛 석재들을 막대한 노고를 들여가며 균형을 맞춰 차곡차곡 쌓아 올리고, 화공들이 그림을 그린 창 유리를 가져오면, 지붕 위 석공들은 접합제와 시멘트, 삽과 흙손 등으로 몇백 년 동안 바쁘게 일해왔을 테지요. 매주 토요일이면 누군가의 가죽 지갑에서 나온 금화와 은화가 이들의 늙은 손에 들어왔을 테고, 저녁에는 아마 맥주를 마시며 구주희*를 즐겼을 테지요. 계속 돌을 날라오고 석공들을 일하게 하려면, 터를 다지고 배수로를 내고 땅을 파고 물을 빼내려면, 금화와 은화가 이 교정으로 끊임없이 흘러들어야 했을 거예요. 다행히 당시는 아직 신앙의 시대였으니 토대를 깊게 다지고 돌을 쌓아 올리는 일에 재물을 아끼지 않았을 테고, 돌을 올리고 나서도 이곳에 찬송가가 울리고 학자들이 학문을 가르치게 하기 위해 왕과 여왕과 신분 높은 귀족들은 땅을 하사하고, 십일조를 내는 식으로, 계속해서 더 많은 돈을 퍼

* 핀을 아홉 개 세워놓고 공을 굴려 쓰러뜨리는 놀이로, 현대 볼링의 원형이다.

부었을 거예요. 이윽고 신앙의 시대가 끝나고 이성의 시대가 도래했지만, 금화와 은화는 변함없이 흘러들었어요. 이제는 장학회를 설립하고, 강좌 운영 기금을 조성하는 식이었지요. 금화와 은화가 흘러나오는 곳이 왕의 돈궤에서 상공인의 금고로 바뀌었을 뿐이에요. 산업을 통해 부를 쌓은 상공인들은 직업 기술을 가르쳐준 대학에 보답하는 차원에서, 더 많은 의자와 운영 기금과 장학금을 마련하려고 자기 재산의 적지 않은 일부를 자발적으로 제공했어요. 덕분에 몇백 년 전에는 풀로 뒤덮이고 돼지가 먹이를 찾아다니던 이곳에 도서관과 실험실이 들어서고, 관측소가 생기고, 유리 선반 위에 값비싸고 정밀하고 멋진 실험 기구들이 놓이게 된 것이지요. 교정을 거닐며 둘러보면 금은의 토대는 여전히 튼튼해 보였고, 잡초로 덮인 도로 포장은 빈틈이 보이지 않았어요. 쟁반을 머리에 인 남자들이 이 계단 저 계단을 분주히 오갔어요. 창틀 아래 화분에는 화려한 꽃송이가 피었지요. 실내의 축음기 선율이 건물 밖까지 크게 울려 퍼졌어요. 저는 자연스레 생각에 빠져들었지만, 무슨 생각인지는 몰라도 금세 중단되고 말았어요. 시계 종이 울렸거든요. 이제 점심을 먹으러 가야 할 시간이에요.

소설가들은 하나같이 점심 모임이 늘 재치 있는 말이나 지혜로운 행동으로 기억에 남는 시간인 양 묘사하는 묘한 버릇이 있어요. 하지만 무엇을 먹는지는 언급하는 법이 거의 없지요. 수프와 연어, 오리 고기 등을 언급하지 않는 건 소설가들의 관습인데, 마치 수프와 연어, 오리 고기 따위는 전혀 중요치 않다는 듯, 아무도 시가를 피우거나 와인을 마시지 않는다는 듯이 굴지요. 하지만 저는 멋대로 관습을 어기고, 그날 점심의 첫 번째 요리가 우묵한 접시에 담긴 서대기 요리라고 말씀드리겠어요. 대학 식당의 요리사는 서대기 위에 새하얀 크림을 발랐는데, 드문드문 드러난 갈색 살점이 마치 암사슴 옆구리에 얼룩진 반점 같았어요. 다음은 자고새 요리였는데, 털 없는 갈색 새 두 마리가 접시 위에 놓인 모습을 떠올리시면 안 돼요. 양도 많고 종류도 다양한 자고새 요리는 새콤달콤한 소스와 샐러드, 동전처럼 얇지만 그만큼 딱딱하지는 않은 감자, 장미꽃 봉오리를 닮은 잎이 돋았지만 그보다 촉촉한 꽃양배추를 신하처럼 대동하고 정해진 순서에 따라 등장했어요. 고기와 곁들인 요리들을 다 먹자마자, 아까 그 대학 행정관이 온화한 모습으로 다시 나타난 듯한 말없는 하인이 냅킨을 화환처럼 두른 무척 달콤한 과자를 우리 앞에 내놓았어요. 푸딩이라고 부르거나 쌀과 타피오카와 연관 짓는다면 실례가 될 만큼 훌륭한 것이었지요. 그러는 동안 와인 잔들은 노랑과 진홍빛으로 빛나고, 비었다가 다시 채워지기를 반복했어요. 그리고 영혼이 깃들었다는 척추의 중간 부근에서 이성(理性)적 교제의 샛노란 불꽃이 하나둘 타오르기 시작했어요. 전등불처럼 눈부시게 밝은 빛이 아니라 입술 위에서 밝아졌다가 어두워지곤 하는, 심오하고 섬세하고 비밀스러운 불꽃이었어요. 서두를 필요는 전혀 없어요. 힘을 써야 할 일도 없었지요. 나 아닌 다른 누군가가 될 필요도 없었고요. 우리는 모두 천국으로 갈 테고, 반 다이크가 우리와 동행할 테니까요. 달리 표현하면 질 좋은 담배에 불을 붙이고 창가에 놓인 푹신한 의자에 파묻혀 있다 보니 삶은 아름답고, 그 보상은 달콤하며, 이런저런 원한과 불만은 사소하기만 하고, 나와 비슷한 이들과 어울리는 모임과 우정은 그저 감탄스러운 일로만 보였어요.

그때 운 좋게 재떨이가 가까이 있었다면, 그래서 담뱃재를 창문 밖에 털지 않았다면, 모든 상황이 조금씩 달랐다면 아마 그 꼬리 없는 고양이는 보지 못했을 거예요. 난데없이 나타난 꼬리 없는 짐승이 사뿐사뿐 안뜰을 가로지르는 모습이 눈에 들어오자, 잠재의식 속 우연한 생각의 변화에 따라 제 감정의 빛깔도 달라졌어요. 마치 누가 차양을 내리기라도 한 것 같았어요. 어쩌면 맛 좋은 백포도주의 취기가 점점 가시기 때문이었는지도 모르겠어요. 꼬리 없는 맹크스 고양이가 세상에 대한 의문을 품은 듯 잔디밭 한가운데 가만히 멈추어 선 모습을 보고 있자니 무언가 모자란 듯, 무언가 다른 듯한 기분이 들었어요. 저는 사람들 이야기 소리에 귀를 기울이며, 무엇이 모자라고 무엇이 다른지 제 자신에게 물어보았어요. 그 질문에 답하려면 전쟁이 일어나기 전, 여기서 그리 멀지 않은 어느 방에서 열린, 하지만 어딘지 모르게 지금과는 다른 어느 점심 모임의 광경을 눈앞에 떠올려야 했어요. 그때는 모든 게 달랐답니다. 제가 생각에 빠져 있는 동안에도 모임에 참석한 젊은 남녀들의 이야기는 끊임없이 계속되었어요. 이야기는 막힘없이, 친근하고 허물없이,

즐겁게 계속되었지요. 이야기가 흐르는 동안 저는 과거와 현재의 이야기를 비교해보았는데, 둘 가운데 하나는 다른 하나의 후예이자 정통 계승자가 틀림없었어요. 아무것도 변하지 않았고, 아무것도 다르지 않았지만, 저는 이야기뿐만 아니라 그 이야기 너머로 들리는 어떤 웅얼거림이나 흐름에도 온 신경을 집중시켜 귀를 기울였어요. 바로 그거였어요. 달라진 건 바로 그런 부분이었어요. 전쟁 전 점심 모임에서도 이들과 비슷한 사람들이 모여서 지금과 아주 똑같은 이야기를 나누었을 텐데, 그래도 어딘지 모르게 다르게 들리는 까닭은, 그 시절에는 똑똑히 들리지 않아도 음악처럼 흥겨운 콧노래 같은 소리가 이야기 사이에 섞여 말의 의미 자체를 바꾸곤 했기 때문이에요. 그런 콧노래를 말로 표현할 수 있을까요? 시인의 도움을 받으면 가능할지도 모르겠어요. 마침 제 옆에 놓인 책을 무심코 펼치자, 테니슨의 시가 눈에 들어왔어요. 테니슨은 이렇게 노래했답니다.

> 눈부시게 빛나는 눈물을
> 문가에 핀 시계꽃이 떨구었네.
> 그녀가 오네. 나의 비둘기, 나의 사랑.
> 그녀가 오네. 나의 생명, 나의 운명.
> 붉은 장미가 외치네. "그녀가 가까이 있어. 가까이 있어."
> 그리고 흰 장미가 흐느끼네. "그녀가 늦었어."

참제비고깔이 귀를 기울이네. "내게 들려. 내게 들려."
그리고 백합이 속삭이네. "나는 기다려."

앨프리드 테니슨, 〈모드〉의 일부

전쟁이 일어나기 전 점심 모임에서 남자들이 흥얼거린 콧노래가 이러했을까요? 그러면 여자들은?

나의 심장은 노래하는 새처럼
촉촉한 어린 가지 위에 둥지를 틀고,
나의 심장은 사과나무처럼
알찬 과일로 가지가 굽었고,
나의 심장은 무지개 조개처럼
잔잔한 바닷속을 거닐지만,
나의 심장은 이들보다 즐겁네
나의 사랑이 내게 왔기에.

크리스티나 로제티, 〈생일〉

전쟁 전 점심 모임에서 여자들이 흥얼거린 콧노래가 이러했을까요?

전쟁 전 점심 모임에 참석한 이들이 남몰래 이런 노래들을 흥얼거렸다고 생각하니 어찌나 우스운지 그만 웃음이 터져 나오고 말았답니다. 저는 하는 수 없이 잔디밭 한가운데 서 있는, 정말로 조금은 우스워 보이는 저 꼬리 없는 불쌍한 맹크스 고양이를 가리키며 제 웃음을 변명해야 했어요. 그 고양이는 원래 그런 모습으로 태어났을까요, 아니면 어떤 사고로 꼬리를 잃었을까요? 꼬리 없는 고양이가 맨섬에 산다고는 하지만, 생각만큼 흔하지 않답니다. 이상한 동물이고, 아름답다기보다는 기이한 존재예요. 점심 모임을 마친 이들은 자기 코트와 모자를 찾으며, 꼬리가 있고 없고에 따라 어쩌면 저렇게 달라지는지 신기하단 말이야, 하고 말하겠지요.

이번 점심 모임은 주최하신 분의 호의 덕분에 오후 늦게까지 계속되었어요. 아름다운 10월의 하루가 저물어가고, 저는 낙엽 지는 가로수 사이로 난 길을 걸었어요. 여러 대문을 차례로 지날 때마다 문은 저의 등 뒤에서 정중하고도 단호하게 닫히는 듯했어요. 수많은 대학 행정관들이 수많은 열쇠를 꼼꼼히 기름칠한 자물쇠 속으로 밀어넣었고, 보물 창고는 또 하룻밤을 안전하게 보낼 준비를 마쳤지요. 가로수 길은 어느 큰 길 — 이름은 잊고 말았어요 — 로 이어지는데, 그 중간에서 오른쪽으로 방향을 틀면 퍼넘칼리지로 통하는 길이 나왔어요. 그러나 아직 시간이 많이 남았어요. 저녁 식사 시간은 일러야 7시 반이니까요. 게다가 아까 같은 점심을 먹고 나면 저녁은 먹지 않아도 괜찮기도 하고요. 시 한 구절이 어떻게 마음을 움직이고 다리를 움직여서 운율에 맞추어 길을 걷게 하는지 신기할 따름이에요. 다음과 같은 시구가 저의 핏속에서 노래하는 동안, 저는 헤딩리를 향해 바쁘게 걸음을 옮겼어요.

눈부시게 빛나는 눈물을
문가에 핀 시계꽃이 떨구었네.
그녀가 오네. 나의 비둘기, 나의 사랑.

그리고 물이 둑에 부딪혀 소용돌이치는 곳에 이르러서는 다른 곡을 노래했지요.

나의 심장은 노래하는 새처럼
촉촉한 어린 가지 위에 둥지를 틀고,
나의 심장은 사과나무처럼……

대단한 시인들이야! 저는 저녁 어스름에 사람들이 흔히 그러듯이 큰 소리로 외쳤어요. 정말 대단한 시인들이야!

비교 자체가 우습고 어리석은 일이지만, 저는 우리 시대의 편에서 질투 비슷한 감정을 느끼며, 과연 살아 있는 시인 가운데 옛 시절의 테니슨과 크리스티나 로제티만큼 위대한 시인 두 사람의 이름을 댈 수 있을지 고민했어요. 물거품이 이는 모습을 들여다보며, 그들과 다른 누구를 비교하는 건 도무지 불가능하다고 결론 내렸어요. 그들의 시가 우리를 설레게 하고, 그러한 무아지경과 황홀경에 빠지게 하는 까닭은 우리가 과거에 (어쩌면 전쟁 전 점심 모임에서) 느낀 감정을 노래하기 때문이고, 덕분에 우리는 그런 감정을 억누르거나 지금 느끼는 감정과 비교할 필요 없이 친숙하고 편안하게 반응해요. 그렇지만 살아 있는 시인들은 바로 지금 우리에게서 생겨나고 찢겨나가는 감정을 표현하지요. 사람들은 처음에는 그런 새로운 감정을 인식하지 못해요. 그리고 이런저런 이유로 두려워하며 경계하는 눈초리로 바라보고, 시기와 의심에 사로잡힌 채 익숙한 옛 감정과 비교하지요. 현대 시의 어려움은 이런 사정에서 비롯된답니다. 또 이런 어려움 때문에 사람들은 그 어느 훌륭한 현대 시인의 시라도 두 줄 이상 기억하지 못해요. 바로 이런 이유— 제가 현대 시를 기억해내지 못한다는— 로 저의 고민은 그대로 시들고 말았어요. 그러나 헤딩리로 향하는 동안 저의 생각은 그치지 않았어요. 왜 우리는 점심 모임에서 남몰래 콧노래 부르기를 그만두었을까요? 왜 앨프리드 테니슨은 다음과 같이 노래하기를 멈추었을까요?

> 그녀가 오네, 나의 비둘기, 나의 사랑.

왜 크리스티나는 이렇게 답하기를 멈추었을까요?

> 나의 심장은 이들보다 즐겁네
> 나의 사랑이 내게 왔기에.

전쟁을 탓해야 할까요? 1914년 8월 총구가 불을 뿜기 시작하자, 남녀의 얼굴이 갑자기 서로 너무나 못생겨 보여서 사랑하는 감정이 죽어버렸을까요? 번쩍이는 포화 속에서 드러난 우리를 지배하는 이들의 얼굴은 (특히 교육에 대한 환상을 품은 여성들에게는) 분명 충격적이었을 거예요. 그들 — 독일인, 영국인, 프랑스인 — 은 진정 추악하고 어리석어 보였어요. 그러나 무엇을 탓하든, 누구를 탓하든, 테니슨과 크리스티나 로제티가 다가오는 사랑에 대해 그토록 열정적으로 노래하게끔 영감을 불어넣던 환상은 예전에 비하면 훨씬 드문 게 사실이에요. 지금은 그저 읽고, 보고, 듣고 기억할 뿐이지요. 그런데 '탓'이라뇨? 만약 그게 환상이었다면 환상을 부수고 진실로 대체한 대재앙을, 그게 무엇이든 칭송해야 옳지 않을까요? 진실을 위해……. 이즈음 저는 진실을 탐구하느라 퍼넘으로 접어드는 갈림길을 그냥 지나치고 말았어요. 그래요, 정말 진실은 무엇이고 환상은 무엇일까요? 예컨대 저기 저 집들을 보면 지금처럼 해 질 녘에는 어슴푸레한 가운데 창문이 빨갛게 물든 모습이 성탄절 풍경을 떠올리게 하지만, 아침 9시에는 과자와 구두끈이 내걸린 모습이 조악하고 불그죽죽하고 누추할 텐데, 그렇다면 이 둘 가운데 진실은 어느 쪽일까요? 또 버드나무와 강과 강까지 이어진 정원들은 지금은 안개로 덮여 흐릿하게 보이지만 햇빛을 받으면 황금빛과 붉은빛을 띨 텐데, 어느 쪽이 진실이고 어느 쪽이 환상일까요? 이리저리 뒤엉킨 생각들을 일일이 말씀드리지는 않을게요. 결국 헤딩리로 오는 동안 저는 아무런 결론도 내지 못했으니까요. 이제 여러분은 갈림길을 지나쳤음을 깨달은 제가 다시 퍼넘 쪽으로 발길을 돌렸다고 상상해 주세요.

앞서 10월의 어느 날이라고 말씀드렸으니 갑자기 계절을 바꾸고 정원 담벼락에 드리운 라일락, 크로커스, 튤립과 같은 봄꽃들을 묘사해서 픽션을 소중히 여기는 여러분의 마음을 배신하거나 픽션의 고귀한 이름을 위협하지는 않을게요. 픽션은 사실을 충실히 따라야 하고, 그 사실이 참될수록 좋은 픽션이다—라고 지금껏 우리는 배웠어요. 그러므로 지금은 여전히 가을이고 아까처럼 노랗게 물든 나뭇잎이 떨어지는데, 달라진 점이 있다면 이제 저녁(정확하게는 7시 23분)이 되었고 산들바람(엄밀하게는 남서풍)이 불어오니 나뭇잎이 떨어지는 속도는 살짝 더 빨라졌겠지요. 그러나 실제로는 무언가 이상한 일이 일어나고 있었어요.

> 나의 심장은 노래하는 새처럼
> 촉촉한 어린 가지 위에 둥지를 틀고,
> 나의 심장은 사과나무처럼
> 알찬 과일로 가지가 굽었고……

정원 담벼락 위로 라일락 꽃송이들이 흔들거리고, 멧노랑나비들이 이리저리 날아다니고, 꽃가루가 흩날리는 어리석은 공상—

말 그대로 공상일 뿐이지요—에 빠진 건 아마도 어느 정도는 크리스티나 로제티의 시 때문이었을 거예요. 어느 방향에서 불어오는지 몰라도 바람이 덜 자란 나뭇잎들을 들어 올리면서, 하늘에는 은백색 섬광이 번득였어요. 마침 빛이 바뀌는 시간대였기에 빛깔은 더욱 강렬해졌고, 유리창들이 자줏빛과 황금빛으로 타오르는 모습은 잘 놀라는 심장이 두근거리는 모습처럼 보였어요. 세상의 아름다움이 그 모습을 잠시 드러냈다가 다시 사라지려고 할 때, (문이 열려 있고 행정관도 보이지 않아서 이때 저는 별생각 없이 정원으로 들어갔어요.) 곧 사라질 세상의 아름다움은 웃음과 고통이라는 칼날을 들고 심장을 조각조각 잘라내지요. 봄날 황혼 속에 잠긴 퍼넘의 정원이 자연 그대로의 모습을 제 앞에 넓게 펼치고, 길게 자란 풀밭에는 아무렇게나 내버려둔 수선화와 파란 초롱꽃이 띄엄띄엄 피었는데, 아마 활짝 피었을 때조차 아무도 돌보지 않았을 그 꽃들은 이제 바람에 시달려 나부끼며 가까스로 뿌리를 붙들고 있었어요. 건물의 둥근 창문들은 부드럽게 출렁이는 붉은 벽돌의 파도 위에 떠 있는 배의 창문처럼 보였는데, 빠르게 흐르는 봄 구름이 하늘을 지날 때면 레몬빛에서 은빛으로 색깔이 바뀌었어요. 누군가 해먹에 누워 있었고, 또 누군가는 풀밭을 가로질러 달리고 있었는데—아무도 말리지 않았을까요?—이런 어스름 속에서 그 모습은 반쯤은 보이고 반쯤은 어림짐작할 수밖에 없는 유령 같았어요. 테라스에는 바람을 쏘이려는지, 아니면 잠깐 정원을 둘러보려는지 구부정한 사람의 형체가 모습을 드러냈는데, 이마가 넓은 데다 낡은 드레스를 입은 모습이 당당하면서도 소박한 인상이었어요. 저명한 학자인 J—H—, 바로 그녀일까요? 모든 것이 어둠침침한 동시에 선명했으며, 별빛 혹은 칼날—봄의 한가운데서 불쑥 솟아난 끔직한 현실의 섬광이 정원에 드리운 황혼의 스카프를 찢는 듯했어요. 왜냐하면 청춘이란…….

수프가 제 앞에 놓였어요. 저녁 식사를 하는 곳은 굉장히 큰 식당이었어요. 봄은 온데간데없고, 어느덧 10월의 어느 저녁이었지요. 모두 큰 식당으로 모여들었어요. 저녁 식사는 벌써 준비되었어요. 수프가 나왔는데 고깃물을 우려낸 평범한 수프였어요. 무엇이 들었을지 상상할 필요조차 없었어요. 국물이 어찌나 맑은지 그릇 바닥에 있는 무늬가 다 보일 정도였으니까요. 하지만 실제로는 무늬가 보이지 않았어요. 원래 아무런 무늬도 없는 그릇이었거든요. 다음으로 채소와 감자를 곁들인 쇠고기 요리—가정식의 삼위일체지요—가 나왔는데, 그 모습을 보니 진흙투성이 시장 바닥에 있는 소의 엉덩이 살과 끄트머리가 시들고 노랗게 마른 채소, 흥정하고 에누리하는 소리와 월요일 아침 망태기를 든 여자들의 모습이 떠올랐어요. 배불리 먹기 충분한 양인 데다, 석탄 광부들은 틀림없이 이보다 못한 음식을 먹으리라는 사실을 알기에, 인간의 일상적인 음식*

* 윌리엄 워즈워스의 시 〈그녀는 기쁨의 환영〉에서 인용한 구절이다.

에 대해 불평할 수는 없는 일이었어요. 그다음으로 말린 자두와 커스터드소스가 나왔어요. 아무리 커스터드소스를 곁들였어도 말린 자두가 구두쇠의 심장처럼 질기고, 80년 동안 와인도 마시지 않고 온기도 쪼이지 않으면서, 그렇다고 가난한 이들에게 베푼 적도 없는 구두쇠의 핏줄 속을 흐를 것만 같은 액체가 스며 나오는 먹기 사나운 (과일이 아닌) 채소라고 불평하는 사람이 있다면, 그 말린 자두조차 감사하며 받아 드는 사람도 있다는 사실을 기억해야 해요. 뒤이어 비스킷과 치즈가 나왔고, 이내 물병이 이리저리 옮겨 다니기 시작했어요. 그도 그럴 것이 비스킷을 먹으면 목이 텁텁하게 마련인데, 지금 나온 건 그야말로 속까지 철저하게 비스킷다웠으니까요. 그게 전부였어요. 식사는 그렇게 끝이 났어요. 모두 의자를 뒤로 밀치며 자리에서 일어났고, 식당 문들이 앞뒤로 세차게 흔들거렸어요. 곧 식당 안에 음식이 있던 흔적이 말끔히 사라졌고, 다음 날 아침 식사를 위한 준비가 갖추어졌어요. 복도 아래와 층계 위에서는 영국의 젊은이들이 쿵쾅거리며 노래를 불러댔지요. 손님이, 아니 외부인이 (퍼넘에서도 저의 처지는 트리니티나 서머빌, 거턴, 뉴넘, 크라이스트처치칼리지에 있을 때보다 나을 게 없었는데) 감히 "저녁 식사가 썩 맛있지는 않네요"라고 말하거나, (이제 저는 메리 시턴과 함께 그녀의 거실에 있었으니까.) "우리만 따로 여기 올라와서 저녁 식사 할 수는 없을까요?"라고 묻는 게 가당키나 했겠어요? 겉보기에는 유쾌하고 당당해 보이는 집이 남모르게 근검절약하는 사정을 꼬치꼬치

캐보지 않고야 그런 말을 입 밖에 낼 수 없는 일이지요. 물론 저는 그런 말을 입에 올리지 않았어요. 실제로 잠깐 대화가 서먹해지기는 했어요. 인간의 신체 구조는 심장과 몸, 두뇌가 한데 섞여 있지, 서로 다른 칸에 나뉘어 담긴 게 아니기 때문에, 그리고 앞으로 몇백만 년이 지나도 그 사실은 변함없을 게 분명하기 때문에, 훌륭한 저녁 식사는 훌륭한 대화를 하는 데 대단히 중요한 역할을 한답니다. 저녁 식사를 잘못하면 생각도 잘못하고, 사랑도 잘못하고, 잠도 잘 못 자게 된답니다. 쇠고기와 말린 자두를 먹고는 척추 한가운데의 작은 등불이 켜지지 않아요. 우리는 모두 '아마도' 천국에 갈 테고, 다음 길모퉁이를 돌면 반 다이크를 만날 수 있기를 '바랄' 텐데 — 하루 일과를 마친 뒤 쇠고기와 말린 자두를 먹으면 마음은 이렇게 의심이 많고 깐깐해져요. 과학을 가르치는 제 친구의 찬장에는 다행히 작달막한 술병 하나와 작은 유리잔이 들어 있었고 — 그에 앞서 서대기 요리와 자고 요리를 맛보았다면 더욱 좋았겠지만 — 덕분에 우리는 불가에 앉아서 하루를 살아가며 받은 상처들을 치유할 수 있었답니다. 불과 일이 분 만에 우리는 함께 자리하지 못한 이들에 대한 궁금하고 흥미로운 이야기들 — 누구는 결혼하고 누구는 하지 않았으며, 누구는 이렇게 생각하는데 누구는 저렇게 생각하고, 누구는 몰라보게 성장했는데 누구는 깜짝 놀랄 만큼 형편없어졌더라 — 을 자유로이 주고받으며 대화 속으로 빠져들었고, 자연스레 나중에 모두 함께 모일 일을 의논했는데, 그렇게 시작한 이야기는 어느덧 인간의 본성과 우리가 살아가는 이 놀라운 세계에 대한 고찰로 이어졌어요. 그러나 이런 이야기를 나누는 동안, 저는 저절로 시작된 어떤 흐름이 모든 것을 그 나름의 결말로 이끌어간다는 사실을 깨닫고는 부끄러워지고 말았어요. 스페인이나 포르투갈, 책이나 경주마에 관한 이야기를 나누는 중에도 저의 진짜 관심사는 그런 것들이 아니라, 500여 년 전 높은 지붕 위에서 석공들이 일하던 장면이었어요. 왕과 귀족들은 어마어마하게 큰 주머니에 보물을 담아와서 땅속에 쏟아부었지요. 이런 장면은 계속 머릿속을 맴돌다가, 삐쩍 마른 암소와 진흙투성이 시장, 시든 채소와 늙은이의 질긴 심장 옆에 자리를 잡았는데 — 서로 어울리지도 않고, 아무런 연관도, 아무런 의미도 없는 두 장면이 계속 한데 뒤섞이고 서로 싸우는 통에 저는 어찌할 바를 몰랐어요. 그날의 대화를 완전히 망치는 사태를 피하려면 마음속 생각을 숨김없이 드러내는 방법이 최선일 듯싶었어요. 부디 운이 따라서, 윈저성에 있던 죽은 왕의 관을 다시 열었을 때 왕의 머리가 바스러져 사라진 것과 같이 제 이야기도 입 밖에 내는 순간 그대로 사라지기를 바랄 뿐이었어요. 그래서 저는 그토록 오랫동안 교회당 지붕 위에서 일해온 석공들의 이야기와 여러 왕과 여왕과 귀족들이 금과 은이 든 자루를 어깨에 짊어지고 와서 땅속에 파묻은 이야기, 우리 시대의 재계 거물들이 예전에는 금괴와 금덩이를 쌓던 곳에 수표와 채권을 쌓아놓는 이야기를 미스 시턴에게 간략하게 들려주었어요. 그 모든 것이 저 아래에 있는 대학 건물들 밑에 깔려 있다고 말이지요. 하지만 지금 우리가 앉아 있는 이 대학의 화려한 붉은 벽돌과 제대로 돌보지 않아 풀이 수북이 자란 교정 밑에는 무엇이 있나요? 우리가 저녁 식사 때 사용한 아무런 무늬도 없는 사기그릇과 (멈출 틈도 없이 말이 먼저 나와버렸어요.) 쇠고기 요리와 커스터드소스와 말린 자두 뒤에는 어떤 힘이 작용하는 걸까요?

그러니까 1860년에는 말이죠, 하고 메리 시턴이 입을 열었어요. 자세히 설명하기 귀찮았는지 오, 다 아는 이야기잖아요, 라는 말을 덧붙였어요. 그리고 다음과 같은 이야기를 들려주었지요. 방을 빌리고, 여러 위원회를 찾아다녔어요. 편지를 보내고, 회보를 만들었어요. 여러 차례 회의를 열고 편지들을 낭독했으며, 여러 사람이 많은 것을 약속했어요. 하지만 약속과 달리 ______ 씨는 동전 한 닢 내놓지 않았어요. 《새터데이리뷰》는 줄곧 아주 무례했어요. 어떻게 해야 사무소 운영비를 댈 기금을 마련할 수 있을까요? 자선 바자라도 열어야 할까요? 맨 앞줄에 앉혀놓을 만한 예쁘장한 처녀를 찾을 수나 있을까요? 이런 문제에 대해 존 스튜어트 밀이 무슨 말을 했는지 찾아보세요. 우리의 서한을 실어달라고 ______의 편집장을 설득할 자신 있는 분 어디 안 계세요? 레이디 ______의 서명을 받아낼 수 있나요? 레이디 ______은 시외로 출타 중이세요. 아마 60년 전에는 일이 이런 식으로 진행되었을 테고, 믿을 수 없을 만큼 대단한 노력과 엄청난 시간이 들었을 거예요. 그리고 기나긴 분투 끝에 극한의 어려움을 딛고 마침내 3만 파운드를 모았어요.* 우리는 와인을 마시거나 자고새 요리는 먹지 못하고, 주석 쟁반을 머리에 이고 나르는 하인도 없는 게 사실이에요, 라고 미스 시턴은 말했어요. 소파도 없고 방을 혼자 쓸 수도 없어요. 그녀는 "안락함은 나중으로 미뤄두어야 해요"라고 어떤 책을 인용해서 말했어요.**

그녀들이 몇 년에 걸쳐 일을 해도 2,000파운드 모으기도 어렵다는 사실을 깨달았을 생각을 하면, 또 3만 파운드를 모으기 위해 그녀들이 벌였을 일들을 떠올리면 한심스러울 만큼 가난한 우리 여성에 대한 모멸감이 밀려드는 게 당연해요. 우리의 어머니들은 도대체 무얼 했기에 우리에게 재산 한 푼 남겨주지 못했을까요? 코에 분칠하느라고? 상점 진열창을 들여다보느라고? 아니면 햇빛 찬란한 몬테카를로를 활보하고 다니느라고? 벽난로 선반 위에 사진 몇 장이 놓여 있었어요. 메리의 어머니도 — 그게 어머니의 사진이 맞다면 — 여가를 낭비하며 사신 모양인데(목사와 결혼해서 자식을 열세 명 낳으셨지요.) 유쾌하고 방탕한 삶을 보낸 분치고는 이상하게도 사진

---

* "최소 3만 파운드가 필요하다고 합니다. ……영국과 아일랜드와 식민지 전체를 통틀어서 이런 형태의 대학은 하나뿐이라는 점과 남자 학교들이 얼마나 쉽게 막대한 자금을 마련하는지 고려하면, 그리 큰 금액은 아닙니다. 그러나 진정으로 여성이 교육받기를 원하는 이가 얼마나 적은지를 고려하면, 상당한 액수입니다." – 레이디 바버러 스티븐, 《에밀리 데이비스와 거턴칼리지》 (원주)

** 긁어모은 자금은 건축 비용을 충당하기 위해 한 푼도 빠짐없이 따로 챙겨두었기 때문에, 안락함은 나중으로 미루어둘 수밖에 없었다. – R. 스트레이치, 《이유》 (원주)

속 얼굴에서 즐거운 시절의 흔적을 거의 찾아볼 수 없었어요. 가정적인 성품으로 보이는 외모에, 격자무늬 숄을 걸치고 커다란 카메오*를 단, 나이 지긋한 부인은 버드나무 고리를 엮어 만든 의자에 앉아, 스패니얼종 애완견이 사진기 쪽으로 고개를 돌리도록 애를 쓰면서, 사진을 찍는 순간 개가 움직이고 말 거라는 사실을 아는 사람처럼 즐거우면서도 긴장한 표정을 짓고 있었어요. 만약 그분이 사업을 하셨다면, 만약 인조 견사 제조업자나 증권시장의 거물이 되셨다면, 그래서 20~30만 파운드쯤 남겨주셨다면 오늘 밤 우리는 편하게 앉아서 고고학이나 식물학, 인류학, 물리학, 원자의 성질, 수학, 천문학, 상대성이론, 지리학 등을 주제로 대화를 나누고 있었을지도 몰라요. 시턴 부인과 부인의 어머니, 부인의 어머니의 어머니가 그분들의 아버지와 할아버지들처럼 돈을 버는 빼어난 솜씨를 익혔다면, 그래서 여성을 위한 연구 기금, 강좌 운영 기금, 상, 장학회 등을 만들 만한 돈을 남겼다면 오늘 밤 우리는 이 방에 따로 올라와서 자고새 요리와 와인으로 차린 나쁘지 않은 저녁 식사를 즐겼을 테고, 보수가 후한 직업에 종사하는 덕에 앞으로 유쾌하고 영예로운 일생을 보낼 거라는 그리 헛되지 않은 기대를 품은 채 살았겠지요. 지금쯤 탐험을 하거나 글을 쓰고 있었을지도 모르고, 세계 곳곳의 유서 깊은 지역을 한가로이 돌아다니며, 파르테논 신전의 계단

* 사람의 얼굴 등을 돋을새김한 장신구의 일종이다.

에 앉아 생각에 잠기거나, 10시에 출근해서는 4시 반에 기분 좋게 집으로 돌아와 시를 쓰고 있었을지도 모르지요. 시턴 부인 같은 분들이 열다섯 살 나이에 사업에 뛰어들었다면, 아마 메리는 — 바로 이 부분이 제 주장의 허점인데 — 태어나지도 않았겠지요. 이런 가정(假定)에 대해 어떻게 생각하는지 메리에게 물어보았어요. 커튼 사이로 고요하고 감미로운 10월의 밤풍경이 보이고, 노랗게 물들어가는 나무에는 별이 하나둘 걸려 있었어요. 펜을 한 번 놀리는 것만으로도 퍼넘칼리지에 5만 파운드를 기부할 수 있는 재력이 생긴다면, 과연 메리는 지금 이 아름다운 정경과, 공기가 깨끗하고 케이크가 맛있다며 늘 입이 마르게 자랑하는 스코틀랜드에서 (대가족이지만 화목한) 가족과 함께 놀고 다투던 추억을 포기할 수 있을까요? 대학에 기부금을 내려면 가족의 수를 제한할 수밖에 없어요. 돈을 벌면서 자녀 열세 명을 키우는 건 — 인간이 해낼 수 있는 일이 아니니까요. 우리는 현실적으로 따져보기로 했어요. 우선 아이가 태어나기까지 아홉 달이 걸려요. 그만큼의 시간은 지나야 아기가 태어나지요. 다음 서너 달은 아기에게 젖을 먹여야 해요. 젖을 먹인 다음에는 적어도 5년 동안 아이와 놀아주어야 하고요. 아이가 큰길을 뛰어다니도록 내버려둘 수는 없으니까요. 제멋대로 뛰어다니는 러시아 아이들을 본 적이 있는 사람들이 말하길, 썩 보기 좋은 광경이 아니라더군요. 또 흔히 인간의 성격은 한 살부터 다섯 살 사이에 형성된다고 해요. 메리에게 물어보았어요. 만약 시턴 부인이 돈을 벌었다면 놀고 다투던 추억은 어떻게 달라졌을까요? 스코틀랜드에 대한 기억은, 깨끗한 공기와 케이크를 비롯한 모든 추억은 어떻게 달라졌을까요? 그러나 이런 질문이 모두 헛된 것일 수밖에 없는 게, 만약 그랬다면 메리는 처음부터 존재하지도 않았을 테니까요. 그뿐만 아니라 시턴 부인과 부인의 어머니, 부인의 어머니의 어머니가 큰 재산을 모으고 대학과 도서관을 설립하는 데 돈을 댔으면 어떠했을지 가정하는 일도 부질없기는 마찬가지예요. 우선 돈을 버는 일 자체가 불가능했을 것이고, 돈을 벌었다 해도 그 돈을 소유할 법적 권한이 없었기 때문이에요. 시턴 부인이 동전 한 푼이나마 소유할 수 있게 된 건 불과 48년밖에 되지 않았어요. 그전 몇백 년 동안 여자가 번 돈은 모두 남편 소유였어요. 어쩌면 시턴 부인과 부인의 어머니, 할머니들이 증권거래소를 멀리한 건 이런 이유 때문이었는지도 모르겠군요. 그녀들은 아마 이렇게 말하겠지요. 내가 돈을 벌어봐야 한 푼도 남김없이 전부 빼앗길 테고, 남편이 자기 마음대로 처분— 베일리얼칼리지나 킹스칼리지에 장학 재단을 설립하거나 연구비를 기부할지도 모르고— 할 텐데, 아무리 능력이 있어도 돈 버는 일에 크게 흥미가 생길 리가 없잖아. 그냥 남편에게 맡겨두는 편이 낫지.

아무튼 스패니얼종 애완견을 보는 사진 속 노부인의 탓인지 아닌지를 떠나서, 우리의 어머니들이 이런저런 이유로 처신을 크게 잘못해왔다는 점은 의심할 여지가 없는 사실이에요. 자고새 요리와 와인, 대학 행정관과 잔디밭, 책과 담배 등 '안락함'을 위해 쓸 돈을 한 푼도 남기지 못했으니까요. 아무것도 없는 대지 위에 아무런 장식도 없는 벽을 세우는 일이 그녀들이 할 수 있는 최선이었어요.

우리는 창가에 서서 이야기를 나누며, 매일 밤 수많은 학생이 바라보는 저 아래 이름난 도시의 둥근 지붕과 탑들을 바라보았어요. 가을밤 달빛 아래 그곳은 무척 아름답고, 무척 신비로웠어요. 오래된 돌이 새하얗고 고색창연하게 보였어요. 저 아래 보관된 수많은 책, 나무 패널로 장식한 방에 걸린 고위 성직자와 유명 인사들의 초상화, 포장된 도로 위에 야릇한 공과 초승달 모양을 뿌리는 채색 유리창들, 명판과 기념비와 비문들, 분수대와 잔디밭, 조용한 안뜰이 내다보이는 조용한 방들이 떠올랐어요. 그리고 (자꾸 이런 생각을 해서 미안해요.) 기가 막히게 훌륭한 담배와 음료, 푹신한 팔걸이의자와 감촉 좋은 양탄자, 호사스러움과 사적 자유와 공간이 있어야만 생겨나는 세련됨과 상냥함, 품위 등이 떠올랐어요. 사실 우리 어머니들은 이런 것들에 견줄 만한 건 아무것도 남겨주지 않았어요. 우리의 어머니들은 그저 어렵사리 3만 파운드를 모으고, 세인트앤드루스 교구 목사의 아내로서 열세 아이를 낳아 길렀을 뿐이지요.

저는 여인숙으로 돌아왔어요. 어두운 거리를 걷는 동안, 하루 일과를 마친 사람이 그렇듯 이런저런 생각에 빠져들었어요. 왜 시턴 부인은 우리에게 물려줄 돈이 없었는지, 가난은 마음에 어떤 영향을 미치는지 곰곰이 생각해보았어요. 오늘 아침에 본, 모피를 어깨에 두른 괴상한 노신사들에 대해 생각하다 보니 휘파람을 불면 그 가운데 한 명이 튀어나온다는 이야기가 떠올랐어요. 교회당 안에서 울리던 오르간 소리와 도서관의 닫힌 문을 생각했고, 잠긴 문 안으로 들어갈 수 없다는 사실이 얼마나 불쾌한지 생각했어요. 잠긴 문 밖으로 나설 수 없으면 그건 더 불쾌할 거라는 생각도 했어요. 그런 다음 어느 한쪽 성(性)의 평안과 번영, 다른 성의 불안과 가난, 전통이 작가의 마음에 미치는 영향, 전통의 부재가 미치는 영향 등을 생각했어요. 이제 드디어 오늘 잡힌 주름살과 함께, 오늘 치 주장과 감상과 분노와 웃음을 말아 올려 산울타리 너머로 던져버릴 시간이 되었어요. 파란 황무지 같은 하늘에는 몇천 개의 별이 반짝였어요. 도무지 알 수 없는 세상에 홀로 남겨진 듯했어요. 모든 인간은 드러누워 — 엎드리거나 가로누워 아무 말 없이 — 잠을 자고 있었어요. 옥스브리지 거리를 돌아다니는 사람은 아무도 없는 듯했어요. 호텔 문을 열어주는 사람도 없고, 잠자리까지 불을 비춰줄 구두닦이 하나 깨어 있지 않았어요. 그만큼 늦은 시간이었어요.

2

이제 장면이 바뀌었으니, 저를 따라와주세요. 여전히 낙엽이 지고 있지만, 장소는 옥스브리지가 아닌 런던이에요. 창밖으로 사람들의 모자와 짐마차와 자동차들이 보이고, 그 너머로 맞은편 건물의 창문이 보이는, 평범한 방 하나를 머릿속에 떠올려보세요. 방 안 탁자 위에는 하얀 종이가 한 장 있고, 종이에는 큰 글씨로 '여성과 픽션'이라고만 쓰여 있었어요. 옥스브리지의 점심과 저녁 식사는 공교롭게도 대영박물관 방문으로 이어져야 할 것 같았어요. 우리는 우리가 받는 모든 인상 가운데서 주관적이고 우연한 요소를 걸러내고 그 정수만, 정제한 진리의 기름만 취해야 해요. 옥스브리지를 방문하고 점심과 저녁 식사를 한 것만으로도 수많은 의문이 물밀듯 밀려들었어요. 왜 남자들은 와인을 마시고 여자들은 물을 마실까요? 왜 한쪽 성은 부유하고 다른 한쪽은 가난할까요? 가난은 픽션에 어떤 영향을 미칠까요? 예술 작품을 창작하는 데 반드시 필요한 조건은 무엇일까요? 이렇게 수많은 의문이 한꺼번에 몰려들었어요. 그러나 필요한 건 해답이지 질문이 아니었어요. 해답을 얻으려면 혀로 비롯된 싸움과 육체가 일으키는 혼란을 극복하고, 논리적 판단과 학문적 탐구의 결과를 책으로 남긴 박식하고 편견 없는 이들에게서 도움을 받아야 해요. 그런 이들의 책이 있는 곳이 바로 대영박물관이지요. 저는 대영박물관의 서가에서 진리를 찾을 수 없다면 세상 그 어디에 진리가 있겠느냐고 자문하며 공책과 연필을 챙겼어요.

준비를 마친 저는 그런 믿음과 호기심을 품고 진리를 찾아 나섰어요. 비는 내리지 않았지만 음침한 날씨였어요. 박물관 주변 거리는 집집마다 지하 창고의 석탄 투입구를 열어놓고 석탄 자루를 쏟아붓는 통에 혼잡스러웠고, 길가에 멈추어 선 사륜마차들은 끈으로 묶은 상자들을 보도에 내려놓고 있었는데, 그 안에는 돈을 벌기 위해 혹은 피난처를 마련하거나 겨울철 블룸즈버리의 하숙집에서 구할 수 있는 일용품들을 얻기 위해 스위스나 이탈리아에서 온 어느 가족의 옷가지가 모두 들어 있을 법했어요. 늘상 보이는 목쉰 남자들이 손수레에 화초를 싣고 줄지어 거리를 오갔어요. 어떤 이는 소리를 지르고, 어떤 이는 노래를 불렀지요. 런던은 공장 같았어요. 런던은 기계 같았지요. 우리는 앞으로 뒤로 쏜살같이 떠밀려 다니며 밋밋한 바탕에 무늬를 그려 넣었어요. 대영박물관조차 공장의 한 부서에 불과했어요. 스윙도어가 활짝 열리고, 거대한 돔 지붕 아래 들어서니 유명한 이름들을 화려한 머리띠처럼 두른 거대한 대머리 속에 든 하나의 생각이 된 듯한 기분이 들었어요. 안내대로 가서 종이 한 장을 받아 들고, 장서 목록을 펼쳤더니……. 이 점 다섯 개는 각각 1분씩, 모두 5분 동안의 망연자실, 경탄, 당혹을 뜻해요. 한 해 동안 여성에 관한 책이 얼마나 많이 나오는지 아세요? 그 가운데 남자가 쓴 책이 얼마나 많은지 아시나요? 어쩌면 세상에서 가장 많이 논의되는 동물은 여러분일지도 모른다는 사실을 아세요? 공책과 연필을 가져올 때 저는 아침나절 동안 책을 읽으면 점심 전에는 진리를 공책에 옮겨 적을 수 있을 거라고 생각했어요. 그러나 이 많은 책을 다 보려면, 가장 오래 사는 동물이라는 코끼리 한 무리가 되거나 가장 눈이 많다는 거미 떼가 되어야 할 지경이었어요. 그 껍질을 뚫는 것만 하더라도 강철 발톱과 황동 부리가 필요할 정도였어요. 이 종이 뭉치 속 어딘가에 깊숙이 박힌 진리의 알갱이들을 어떻게 찾을 수 있을까요? 저는 절망에 사로잡혀 책 제목이 적힌 긴 목록을 위아래로 훑어보았어요. 책의 제목만으로도 좋은 생각거리가 되었어요. 성(性)과 성의 본질에 대해 의사와 생물학자들이 흥미를 보이는 건 당연한 일이겠지만, 마음씨 착한 수필가나 솜씨 좋은 소설가, 석사 학위가 있거나 없는 젊은 남자 등 여자가 아니라는 점 말고 다른 자격은 아무것도 없는 남자들까지 성 — 여기서는 여성 —

이라는 주제에 관심을 둔다는 사실은 놀랍고 설명하기 어려운 일이었어요. 겉보기에도 경박스럽고 터무니없어 보이는 책도 있었지만, 진지하고 예언적이며, 교훈적이고 훈계조인 책도 많았어요. 제목을 읽는 것만으로 수많은 교장 선생님과 성직자들이 강단에서 주어진 시간을 훨씬 넘어서까지 한 가지 주제에 대해 장황하게 설교를 늘어놓는 모습이 떠올랐어요. 무척 신기한 일이었고, 틀림없이 남성—이때 저는 M으로 시작하는 항목을 보고 있었어요—에게 국한되는 현상이었어요. 여자들은 남성에 대한 책을 쓰지 않는데—이런 사실이 다행스러울 수밖에 없는 게 여성에 대해 남자들이 쓴 책을 모두 읽고, 다시 남성에 대해 여자들이 쓴 책을 다 읽어야 한다면 저는 100년에 한 번 꽃을 피운다는 용설란이 두 번째 꽃을 피운 뒤에야 비로소 종이에 펜을 댈 수 있을 테니까요. 무작위로 10여 권을 골라서 쓴 신청서를 철제 서류함에 올려놓고, 저와 마찬가지로 정제한 진리의 기름을 찾는 이들 속에 섞여 열람석에 자리를 잡고 차례를 기다렸어요.

저는 영국 납세자들의 세금으로 마련한 종이 위에 엉뚱하게도 수레바퀴를 그리며, 이 기묘한 불균형의 원인이 무엇일지 생각해보았어요. 장서 목록만 두고 볼 때, 남자들이 여성에게 갖는 관심이 남성에 대한 여자들의 관심보다 훨씬 큰 까닭이 무엇일까요? 그 까닭이 무척 궁금해진 저는 여성에 관한 책을 쓰며 시간을 보내는 남자들의 삶을 상상해보기로 했어요. 그들이 나이가 많든지 적든지, 결혼을 했든지 안 했든지, 딸기코든지 곱사등이든지 모두 불구자거나 병자인 경우가 아니라면, 어쨌든 그렇게까지 관심의 대상이 된다는 사실은 막연하게나마 기분 좋은 일이에요. 이렇게 하찮은 생각에 빠져 있는데, 별안간 책들이 제 앞에 놓인 책상 위로 눈사태처럼 쏟아졌어요. 드디어 난관이 시작된 거예요. 옥스브리지에서 학술 연구 방법을 훈련받은 학생이라면, 양을 우리에 몰아넣듯 방해물 사이로 의문을 몰아 해답에 이르겠지요. 예컨대 제 옆에서 열심히 과학 서적을 베끼던 학생은 10분마다 한 덩이씩 순수한 광물을 원석에서 추출해내는 게 틀림없었어요. 만족스러운 듯 끙끙거리는 소리가 조그맣게 들려왔으니까요. 그러나 불행히도 대학에서 훈련을 받지 못한 경우라면, 의문은 얌전히 우리 안으로 들어가기는커녕 사냥개 무리에게 쫓기는 겁에 질린 새 떼처럼 어찌할 바를 모르고 이리저리 날아다니지요. 교수와 교장, 사회학자와 성직자, 소설가와 수필가와 언론인 그리고 여성이 아니라는 점 말고 다른 자격은 아무것도 없는 남자들까지 저의 이 단순한 의문— 여자는 왜 가난한가?— 의 답을 좇다 보니, 하나였던 의문은 50가지 의문이 되었고, 그 50가지 의문은 정신이 나간 것처럼 강물 한가운데로 뛰어들어 멀리 떠내려갔어요. 저의 공책은 한 쪽도 빠짐없이 빼곡히 휘갈겨 쓴 짤막한 글귀들로 가득했어요. 당시의 제 심리 상태를 보여드리기 위해, 그 가운데 몇 개를 여러분께 읽어드릴게요. 정자(正字)로 '여성과 빈곤'이라고 제목을 달았지만 실제 내용은 다음과 같았어요.

중세 _____의 주변 사정

피지 제도(諸島) _____의 관습

_____에 의해 여신으로 숭배함

_____보다 도덕관념이 취약

_____의 이상주의

더 양심적인 _____

남태평양 제도 _____의 사춘기 연령

_____의 매력

_____에게 제물로 바침

크기가 작은 _____의 뇌

난해한 _____의 무의식

털이 적은 _____의 몸

_____의 정신적 · 윤리적 · 육체적 열등성

아이를 사랑하는 _____

_____의 긴 수명

_____의 연약한 근육

_____의 감정의 세기

_____의 허영심

_____의 고등교육

_____에 대한 셰익스피어의 견해

_____에 대한 버컨헤드 경의 견해

______에 대한 잉 사제장의 견해

______에 대한 라브뤼예르의 견해

______에 대한 존슨 박사의 견해

______에 대한 오스카 브라우닝 씨의 견해……

여기서 저는 숨을 들이마신 다음, 종이 여백에 새뮤얼 버틀러는 왜 "현명한 남자는 절대로 여성에 대한 자기 생각을 밝히지 않는다"라고 했을까, 라고 썼어요. 현명한 남자는 무엇이든지 분명하게 말하는 법이 없지요. 의자에 앉은 채 몸을 젖혀 거대한 돔 천장을 올려다보니 이제 저는 조금 기운이 빠진 듯했고, 현명한 남자들이라고 해서 여성에 대해 모두 같은 생각을 하는 건 아니라는 사실이 무척 유감스러웠어요. 알렉산더 포프는 이렇게 말했어요.

여성은 대부분 성격이 아예 없다.

라브뤼예르는 이렇게 말했지요.

여성은 극단적이어서, 늘 남성보다 우월하거나 열등하다.

동시대를 살던 예리한 관찰자들조차 이렇게 완전히 상반된 주장을 했어요. 여성을 교육하는 일은 가능할까요, 불가능할까요? 나폴레옹은 불가능하다고 생각했어요. 존슨 박사는 가능하다고 생각했지요.* 여성에게는 영혼이 있을까요, 없을까요? 어느 야만족은 여자는 영혼이 없다고 말해요. 반면에 어느 종족들은 여성을 반쯤은 신성한 존재로 여기며 숭배하기도 하지요.** 어떤 현인들은 여성은 지적 능력이 떨어진다고 단언하고, 어떤 현인들은 여성의 의식이 더 심오하다고 여긴답니다. 괴테는 여성을 우러러보았지만, 무솔리니는 여성을 경멸해요. 어디를 보더라도 남자들은 여성에 대해 생각하고, 그 생각은 저마다 달라요. 저는 그 모든 것을 이해하는 건 불가능하다는 결론을 내리고, 옆자리 학생이 내용을 요약해서 A, B, C 하고 제목까지 매겨가며 깔끔하게 정리하는 모습을 질투 어린 눈으로 곁눈질했어요. 그와 달리 제 공책은 엉망으로 휘갈겨 쓴 모순되는 글귀들만 가득했지요. 비참하고 당혹스럽고 창피했어요. 진리는 제 손가락 사이로 모두 빠져나갔어요. 한 방울도 남김없이 말이에요.

그대로 집에 돌아갈 수도 없는 노릇이었어요. 여성은 남성보다

---

* "남자들은 여성이 남성보다 우월하다는 사실을 알기에, 일부러 가장 모자라거나 가장 무지한 여성을 선별한다. 남자들이 그 사실을 알지 못했다면, 남성만큼 학식을 갖춘 여성을 두려워하지 않았을 것이다." ……뒤이은 대화에서 그는 앞서 말한 바가 진심이라고 밝혔는데, 여성을 편견 없이 바라본다면 이는 실로 솔직한 발언이다. – 보즈웰, 《헤브리디스 여행기》 (원주)

** 고대 게르만족은 여성에게 신성한 무언가가 깃들었다고 믿었기 때문에, 여성을 예언자로 삼고 신탁을 받았다. – 프레이저, 《황금가지》 (원주)

체모가 적다거나 남태평양 제도 사람들의 사춘기는 아홉 살— 아님 아흔 살이던가요?— 에 시작한다거나 하는 이야기가 여성과 픽션에 대한 연구에 보탬이 될 리가 없으니까요. 심란한 나머지 제 글씨는 해독이 불가능할 지경이었어요. 오전 내내 시간을 들였는데도, 떳떳이 내보일 만큼 중요하고 가치 있는 성과가 전혀 없다는 사실이 부끄러웠어요. 그리고 과거의 W(여성(woman)을 줄여서 W로 부르기로 했어요.)에 대한 진실조차 파악하지 못하는데, 미래의 W에 대해 고민해보아야 무슨 소용이 있겠어요? 여성과 여성이 여러 분야— 정치, 어린이, 임금, 윤리 등— 에 미친 영향을 전문적으로 연구하는 신사 분들은 수도 많고 학식도 높지만, 그분들 책을 들여다보는 건 순전히 시간 낭비로 보였어요. 아예 들춰보지 않는 편이 나을 듯싶었어요.

골똘히 생각에 잠겨 있던 저는 절망감에 맥이 풀린 나머지, 옆자리 학생처럼 결론을 써넣어야 할 곳에 저도 모르게 그림을 그리고 있었어요. 제가 그린 건 누군가의 얼굴, 어떤 사람의 모습이었어요. 바로 한창 '여성의 정신적·윤리적·육체적 열등성'이라는 기념비적 작품을 집필 중인 폰 X 교수의 모습이었어요. 저의 그림 속에서 그는 여성에게 매력적으로 보일 만한 남성은 아니었어요. 체격이 육중하고, 두둑한 뺨과 잔뜩 늘어진 목살에 어울리게 눈은 아주 작고 얼굴은 새빨갰어요. 표정은 어떤 감정에 휩싸인 채 일을 하는 듯했는데, 글을 쓰는 동안 해로운 벌레를 죽이는 양 종이를 펜으로 쿡쿡

찔러댔어요. 아무리 죽여도 만족스럽지 않은 듯했고 죽이고 또 죽여도 분노와 짜증의 원인은 가시지 않는 듯 보였어요. 혹시 아내 때문이 아닐까, 하고 저는 그림을 보며 물었어요. 혹시 교수의 아내가 기병대 장교와 사랑에 빠지기라도 했을까요? 그 기병대 장교는 날씬하고 품위 넘치고, 아스트라한산(産) 모피를 걸치지 않았을까요? 프로이트의 이론을 적용하자면, 혹시 아기일 때 어느 예쁜 여자아이에게 놀림을 받았을까요? 어릴 적에도 그리 귀여운 아기는 아니었을 테니까 말이에요. 이유야 어떻든 제가 그린 스케치 속의 교수는 분노에 가득 찬 흉측한 몰골로, 여성의 정신적·윤리적·육체적 열등성에 관한 그 대단한 저서를 쓰고 있었어요. 아침나절의 노력을 아무런 소득 없이 마무리하며, 저는 한가롭게도 그림을 그렸어요. 그러나 때로는 한가롭게 몽상에 빠졌을 때 숨어 있던 진리가 수면 위로 올라오기도 해요. 거창하게 심리 분석을 들먹일 것도 없이 아주 기초적인 심리학적 관점에서 제 공책을 보아도, 화난 교수의 그림을 그렸을 때 저 스스로 화가 난 상태였음에 틀림없어요. 제가 몽상에 빠진 동안 분노가 제 연필을 낚아챈 것이지요. 그런데 도대체 분노가 거기서 무얼 하고 있었을까요? 흥미, 혼란, 즐거움, 지루함 — 아침나절에 차례로 경험한 감정들은 원인을 따져볼 수도 있고, 서로 확실히 구분도 되었어요. 이런 감정들 속에 분노가 검은 뱀처럼 몸을 숨기고 있었을까요? 그래요, 제 그림은 그렇다고 대답했어요. 그 그림 때문에 저는 어느 책의 어느 구절 하나를 떠올리고 말았어요. 분노라는 악령을 잠에서 깨운 건 바로 여성의 정신적·윤리적·육체적 열등성에 관한 교수의 글이었어요. 저의 심장이 마구 뛰고, 뺨은 뜨겁게 달아올랐어요. 화가 치밀어올라 얼굴이 붉어졌어요. 사실 그 책으로 말할 것 같으면, 어리석기만 할 뿐 딱히 눈여겨볼 만한 구석은 없는 책이었어요. 하지만 기성품 넥타이를 매고 2주째 면도를 하지 않은 얼굴에, 숨을 시근덕거리는 조그만 남자—이때 저는 옆자리 학생을 보았어요—보다 태생적으로 열등하다는 소리를 듣는 건 달가운 일이 아니었어요. 누구든 어느 정도 어리석은 허영심이 있어요. 그런 게 인간의 본성이라고 생각하며, 저는 성난 교수의 얼굴 위에 수레바퀴와 동그라미를 마구 그렸고, 그는 불타는 덤불이나 화염에 휩싸인 혜성처럼—어떻게 보아도 인간이라고는 생각할 수 없는, 아무런 의미 없는 망령의 모습으로 변해버렸어요. 마치 햄스테드 히스 정상에서 불타오르는 장작 묶음 같았어요. 원인을 깨닫고 나니 저의 분노는 곧 사라졌지만, 궁금증은 그대로 남았어요. 교수와 같은 이들의 분노는 어떻게 설명해야 할까요? 그들은 왜 화가 났을까요? 그들의 책이 남기는 인상을 분석해보면, 언제나 열기를 발견하게 돼요. 이런 열기는 다양한 형태로 모습을 드러내며, 주로 풍자나 감상, 호기심과 질책 속에 나타나요. 그러나 자주 모습을 보이지만 그 존재를 즉시 파악하기는 어려운 요소도 있었어요. 저는 그것을 분노라고 이름 붙였어요. 하지만 그 분노는 땅속으로 숨어들어 다른 온갖 감정들과 뒤섞여 있었어요. 그 기묘한 영향력으로 판단하건대, 그건 단순하고 솔직한 분노가 아니라 복잡하고 정체를 감춘 분노였어요.

이유가 무엇이든 저는 책상 위에 쌓인 책 더미를 바라보며 이 많은 책 가운데 어느 것도 제게는 도움이 되지 않는다고 결론 내렸어요. 인간적 관점으로 보면 교훈과 재미와 따분함, 피지 제도 사람들의 괴상한 풍습에 대한 정보들로 가득한 책들이지만, 과학적으로는 아무런 가치가 없는 책들이었어요. 투명한 진실의 불빛이 아닌 새빨간 감정의 불빛 아래서 쓴 책들이었어요. 그래서 저는 책들을 거대한 벌집 속 저마다의 구멍으로 돌려보내기 위해 중앙 안내대에 반납했어요. 아침나절의 노력으로 제가 얻은 소득은 분노가 존재한다는 사실을 확인한 것뿐이었어요. 교수들은 — 그들을 뭉뚱그려 교수라고 부르기로 했어요 — 화가 나 있었어요. 그런데 왜 화가 났을까? 저는 책을 반납하며 저 자신에게 질문했고, 기둥이 줄지어 선 박물관 현관을 나서며 비둘기 떼와 선사시대 나룻배들 사이에서 다시 한번 물었어요. 그들은 왜 화가 났을까요? 점심을 먹을 만한 곳을 찾아 서성이면서도 이 질문을 반복했어요. 지금 제가 분노라고 부르는 것의 본질은 과연 무엇일까요? 이 수수께끼는 대영박물관 근처 어느 작은 식당에 앉아 식사가 나오기를 기다리는 내내 계속되었어요. 먼저 점심을 먹은 손님이 의자에 석간신문 초판을 두고 갔기에, 저는 음식이 나오기를 기다리며 한가로이 기사 제목들을 읽기 시작했어요. 아주 큰 글자들이 띠를 이루어 지면을 가로질렀지요. 누군가 남아프리카에서 큰 성공을 거뒀다고 말이에요. 그보다 작은 띠는 오스틴 체임벌린 경이 제네바를 방문했다고 알렸어요. 사람 머리카락이 붙은 고기 칼이 어느 집 지하실에서 발견되었다고 해요. 이혼 법정의 어느 재판관이 여성의 뻔뻔스러움에 대해 논평했네요. 그 밖에 다른 기사들도 지면 이곳저곳에 흩어져 있었어요. 미국 캘리포니아에서는 줄을 맨 여배우를 산봉우리 밑으로 내려서 공중에 대롱대롱 매달았다고 해요. 곧 안개가 낄 거라고 하네요. 만약 이 별에 들른 방문객이 이 신문을 들추어보았다면, 지면 이곳저곳에 흩어져 있는 증거만 보고도 영국이 가부장적 지배 아래 놓였다는 사실을 알아차릴 거예요. 사리를 분별할 줄 아는 사람이라면 지배력을 행사하는 이가 바로 교수 같은 사람이란 것을 알아차릴 테지요. 힘과 돈, 영향력 모두 그의 것이었어요. 그는 신문사의 소유주이자 편집장이고, 편집부원이었어요. 외무상이자 재판관이었지요. 크리켓 선수며, 경주마와 요트의 주인이기도 했어요. 주주들에게 투자금의 두 배를 수익으로 안겨주는 회사의 중역이었지요. 그는 자기가 운영하는 자선단체와 대학들에 몇백만 파운드를 남겼어요. 여배우를 공중에 매달기도 하고요. 고기 칼에 붙은 머리카락이 사람의 것인지 아닌지 판단하고, 살인자의 유죄와 무죄를 판결하고, 교수형과 석방을 결정하는 것도 그예요. 그는 안개를 제외한 모든 것을 자기 뜻대로 조종하는 듯했어요. 그런데도 그는 화가 나 있었어요. 그가 화났다고 생각한 이유는 다음과 같아요. 여성에 대해 그가 쓴 글을 읽는 동안, 저는 글의 내용이 아니라 글을 쓴 사람에 대해 생각했어요. 어떤 주장을 제시할 때 감정에 휩쓸리지 않으면 주장 자체에 집중하고, 자연스레 읽는 이도 그의 주장에 대해 생각해요. 만약 그가 감정의 치우침 없이 여성에 대한 글을 쓰고, 주장을 뒷받침할 확고한 증거를 제시하고, 미리 결론을 정해놓은 기색을 드러내지 않았다면 저는 화를 내지 않았을 거예요. 완두가 초록색이고 카나리아가 노란색이라는 사실을 인정하듯, 그런 사실을 있는 그대로 받아들였겠지요. 저 역시 그럼 하는 수 없지, 라고 말했겠지요. 그러나 그가 화가 나 있었기 때문에 저도 화가 났어요. 저는 그 모든 권력을 가진 남자가 화를 내다니 말도 안 되는 일이라고 생각하며 석간신문의 지면을 넘겼어요. 어쩌면 분노는 권력을 따라다니며 시중을 드는 정령 비슷한 게 아닐까 하는 생각도 들었어요. 예컨대 부자들은 가난한 이들이 자기 재산을 빼앗으려 한다는 생각에 종종 화를 내요. 교수들의 분노, 더 정확하게 말하면 가부장들의 분노 역시 어느 정도는 그런 이유 때문일 테지만, 또 한편으로는 겉으로 분명히 드러나지 않은 다른 이유가 있는지도 모르겠어요. 어쩌면 그들은 전혀 '분노'하지 않았는지도 몰라요. 실제로 그들은 사적인 인간관계에서는 타인을 존중하고, 헌신적이며 모범적인 경우가 많아요. 교수가 여성의 열등성을 조금 지나칠 정도로 강조할 때 그가 진정 염려하는 바는 여성의 열등성이 아니라 자기 자신의 우월성이었을 거예요. 그에게 자신의 우월성은 세상 무엇보다 값비싼

보석이나 마찬가지기에, 지나치다 싶을 만큼 강조하고 열성을 다해 지키려고 하는 것이지요. 여성과 남성의 삶은 모두 — 저는 어깨로 서로 밀어 헤치며 보도를 걷는 사람들을 바라보았어요 — 고되고 힘겨운 끝없는 투쟁이에요. 살아가려면 엄청난 용기와 힘이 필요해요. 그리고 착각의 동물인 우리 인간은 다른 무엇보다도 자기 자신에 대한 믿음이 필요하답니다. 자신감이 없으면 우리는 요람 속 갓난아기와 다를 바가 없어요. 그렇다면 눈에 보이지는 않지만 더할 나위 없이 귀중한 이런 자질을 가장 빨리 만들어내는 방법은 무엇일까요? 그건 바로 다른 이들이 자기보다 열등하다고 생각하는 거예요. 자기는 남들보다 우월하게 태어났다고 — 부(富)나 신분, 곧은 콧날, 조지 롬니*가 그린 할아버지의 초상화 등을 그 증거로 여기기도 하는데, 인간의 상상력이라는 어처구니없는 장치는 정말 한계가 없답니다 — 믿는 것이지요. 그러므로 정복하고 지배해야 하는 가부장에게는 수많은 사람들이, 정확하게 말하면 인류의 절반이 선천적으로 자신보다 열등하다는 믿음이 굉장히 중요해요. 이런 믿음은 아마 남성에게 힘을 공급하는 주된 공급원 가운데 하나일 거예요. 이제 저의 이런 관찰법을 실생활에 적용해볼게요. 이런 식의 관찰이 과연 일상의 여백에 기록해둔 심리적 수수께끼를 푸는 데 도

* George Romney, 1732~1802. 18세기 런던에서 활동한 화가로, 당대 유명 인사들의 초상화를 많이 그렸다.

움이 될까요? 아주 인정 많고 겸손한 남자 Z가 언젠가 레베카 웨스트의 책을 집어 들고 딱 한 구절을 읽더니, "악독한 페미니스트로군! 이 작가, 남자는 다 속물이라잖아!"라고 외쳤을 때, 제가 소스라치게 놀란 이유를 설명할 수 있을까요? Z가 내지르는 소리에 저는 무척 놀랐어요. 남성에 대한 웨스트의 주장은 무례할지 몰라도 꼭 틀렸다고는 할 수 없는 이야기인데, 어째서 악독한 페미니스트 취급을 받아야 하나요? 사실 그것은 그저 상처받은 허영심이 내는 고함이며, 자기 자신의 믿음에 도전하는 것에 대한 항의일 뿐이었어요. 지난 몇백 년 동안 여성은 남자의 모습을 실제보다 두 배쯤 크게 비추는 신비하고 달콤한 능력이 있는 거울 역할을 해왔어요. 여성의 그런 능력이 없었다면 대지는 여전히 늪과 밀림뿐이었을 거예요. 우리가 치른 전쟁에서 쟁취한 영광 또한 맛보지 못했을 테고요. 아마 아직도 먹고 남은 양의 뼈를 긁어서 사슴 모양을 그려 넣기도 하고, 우리의 소박한 취향을 사로잡는 조잡한 장신구와 부싯돌 따위를 양가죽과 물물교환하고 있었겠지요. '초인(超人)'이나 '운명의 손가락' 역시 절대로 존재하지 않았을 거예요. 러시아의 차르와 독일의 카이저가 황제의 자리에 오르고, 또 내쫓기는 일도 일어나지 않았겠지요. 문명사회에서는 어떻게 사용하는지 몰라도, 모든 폭력적이고 영웅적인 행위에서 그 거울은 절대로 없어서는 안 될 존재예요. 나폴레옹과 무솔리니가 그토록 애를 써가며 여성의 열등성을 주장한 건 바로 그런 이유 때문이에요. 여성이 열등하지 않다면 그들은 더 이상 커 보이지 않을 테니까요. 그렇게 보면 남자들에게 그토록 자주 여자가 필요한 이유도 어느 정도 이해가 돼요. 그리고 남자들은 왜 그토록 여성의 비판에 민감한지, 남자들에게 여성이 이 책은 형편없다거나 이 그림은 시시하다고 말하면 왜 남성이 똑같은 비평을 했을 때보다 훨씬 큰 고통을 일으키고 훨씬 큰 분노를 자아내고야 마는지도 설명이 돼요. 여성이 진실을 말하기 시작하면 거울에 비친 모습이 작아질 테고, 살아가는 데 필요한 자신감이라는 자질 또한 줄어들 테니까요. 아침과 저녁 식사를 할 때마다 실제보다 두 배 이상 커 보이는 거울을 들여다보지 못한다면 어떻게 판결을 내리고, 원주민을 교화하고, 법률을 만들고, 책을 쓰고, 멋진 차림으로 연회에 참석해서 장광설을 늘어놓을 수 있겠어요? 저는 빵을 부스러뜨리고, 커피를 휘젓고, 이따금 거리의 사람들을 바라보기도 하면서 그런 생각에 잠겨 있었어요. 거울에 비친 모습은 활기를 불어넣고 신경계를 자극하기 때문에 대단히 중요하답니다. 그게 없다면 남성은 코카인을 빼앗긴 약물중독자처럼 죽어버릴지도 몰라요. 저는 창밖을 바라보며, 보도 위 사람들 가운데 절반은 그런 환영에 사로잡힌 채 오늘도 힘차게 일터로 향하고 있을 거라고 생각했어요. 아침이 되면 그들은 기분 좋게 비치는 햇살을 받으며 모자를 쓰고 외투를 입어요. 스미스 양의 다과회에 자기가 빠지면 다들 서운해할 거라고 생각하며, 자신만만하고 기운차게 하루를 시작하지요. 그리고 방 안으로 들어서며 나는 이 방에 있는 사람들 가운데 절반보다 우월하다, 라고 혼잣말을 해요. 덕분에 그의 말투에 배어든 자부심과 자신감은 결국 그의 사회생활에도 깊은 영향을 미치고, 내밀한 마음의 여백에 기묘한 흔적을 남기지요.

그렇지만 남성의 심리라는 위험하고도 매혹적인 연구 과제 — 해마다 500파운드씩 돈이 생긴다면 연구해볼 만할 거예요 — 에 대한 저의 기여는 음식 값을 치르느라 중단되고 말았어요. 음식 값은 5실링 9펜스였어요. 종업원에게 10실링짜리 지폐를 건네고, 거스름돈을 받았어요. 그때 지갑 속에 10실링짜리 지폐가 한 장 더 들어 있는 것을 보고, 저는 놀라운 현상을 알아차렸어요. 그건 바로 지갑이 10실링짜리 지폐를 저절로 만들어낸다는 사실이었어요. 지갑을 열면 언제나 돈이 들어 있어요. 이름이 같다는 이유만으로 고모님이 제게 남기신 종잇조각을 몇 장씩 지불하면, 사회는 그 대가로 닭고기 요리와 커피, 침대와 숙소를 제공해요.

제 고모님이신 메리 비턴은 인도 봄베이에서 바람을 쐬러 나갔다가, 말에서 떨어져 돌아가셨어요. 제게 유산을 남기셨다는 소식을 들은 건 여성의 투표권을 보장하는 법이 통과되던 때를 즈음한 어느 밤이었어요. 사무 변호사가 보낸 편지가 우편함에 배달되었고, 저는 그 편지를 열어보고야 해마다 500파운드씩 지급하는 방식으로 제게 유산을 상속하셨다는 사실을 알았어요. 그 두 가지 — 투표권과 돈 — 가운데 제게는 돈이 훨씬 더 중요해 보였어요. 그전에는 신문사에 허드렛일을 구걸해서 당나귀 품평회나 결혼식 기사를 쓰며 생활비를 벌었어요. 편지 겉봉에 주소를 쓰고, 노부인들에게 글을 읽어드리고, 조화(彫花)를 만들고, 유치원에서 어린이들에게 알파벳을 가르치면 고작 몇 파운드가 손에 들어왔어요. 1918년 이전에 여성이 구할 수 있는 일자리는 주로 그런 일들이었어요. 아마 여러분이 아는 여성 중에도 그런 일을 하는 분이 계실 테니, 그 일이 얼마나 고된지는 자세히 설명하지 않아도 될 듯싶어요. 그렇게 번 돈으로 생활을 꾸려가기가 얼마나 어려운지도 경험해보셨을지 모르니 따로 설명하지 않을게요. 그러나 아직까지도 제 기억 속에 그보다 심한 고통으로 남아 있는 건 그 시절 제 안에서 자라난 두려움과 비통함이라는 독이에요. 원치 않는 일을 계속해야 했고, 노예처럼 아양을 부리고 아첨을 떨어야 했는데, 늘 그럴 필요야 없었지만 그렇다고 잠자코 있기에는 감수해야 할 위험이 너무나 컸어요. 그러다 보니 숨기면 죽은 것과 다름없고, 대단치는 않지만 그 주인에게는 소중한 어떤 재능이 소멸하고 있다는 생각이 들었고, 그와 더불어 저의 자아와 영혼도 죽어버릴 것 같았어요. 이 모든 것이 활짝 핀 봄꽃을 먹어치우고 나무를 속부터 갉아먹는 녹병 같았어요. 그러나 앞서 말씀드렸듯이 고모님이 돌아가셨고, 그 뒤로 10실링짜리 지폐를 바꿀 때마다 녹과 부식물이 조금씩 떨어져나가면서 두려움과 비통함도 사라져갔어요. 저는 은화를 지갑에 넣으며 예전의 비통함을 떠올렸고, 고정된 수입이 불러온 심경의 변화는 실로 놀랄 만하다고 생각했어요. 세상 그 어떤 힘도 제게서 500파운드를 빼앗을 수 없어요. 음식과 집과 요리는 영원토록 저의 것이에요. 그 덕에 수고와 노동이 끝났을 뿐만 아니라, 증오와 비통함도 사라졌어요. 저는 이제 남성을 증오하지 않아도 돼요. 그 어떤 남자도 저를 해치지 못할 테니까요. 남자에게 아첨할 필요도 없어요. 남자에게서 받아야 할 것이 없으니까요. 그렇게 저는 저도 모르는 사이에 인류의 절반인 남성에 대해 미묘하게 다른, 새로운 태도를 갖게 되었답니다. 어느 계급이나 성을 하나로 뭉뚱그려서 비판하는 건 어리석은 행동이었어요. 자신의 행동을 책임지지 못하는 사람도 굉장히 많으니까요. 그런 사람들은 스스로 제어할 수 없는 본능에 따라 행동하지요. 가부장과 교수들도 그들 나름대로 수많은 어려움과 끔찍한 결점들에 맞서 싸운답니다. 그들이 받은 교육은 어떤 측면에서는 제가 받은 교육만큼이나 그릇된 것이었지요. 제 경우와 마찬가지로 그들의 결점 역시 교육을 통해 더욱 커졌으니까요. 그들은 분명 돈과 권력을 갖고 있지만, 그 대가로 끊임없이 간을 찢고 허파를 잡아 뜯는 독수리나 대머리수리를 가슴속에 품어야 해요. 그것은 바로 끊임없이 남의 땅과 소유물을 탐내고, 국경과 깃발, 전함과 독가스를 만들어내며, 자기 목숨뿐만 아니라 자식의 목숨까지 바치도록 몰아가는 탐욕과 소유욕이에요. 애드미럴티 아치*(마침 그 기념문에 이르렀어

---

* 에드워드 7세가 어머니 빅토리아 여왕을 기리기 위해 건축한 아치형 건물이다. 넬슨 제독 기념비 등 여러 기념물이 있는 트라팔가 광장으로 이어진다.

요.)나 전승 기념물과 대포가 있는 거리를 걸으며, 그런 것들이 기리는 영광에 대해 곰곰이 생각해보세요. 혹은 봄 햇살 아래서, 주식 중개인과 변호사가 더욱더 많은 돈을 벌기 위해 건물 안으로 들어가는 모습을 지켜보며, 매년 500파운드면 햇살을 받으며 살아가는 데 충분한 금액이라는 사실을 떠올려보세요. 남자들의 그런 본능을 가슴속에 담고 있으면 불쾌할 것 같다는 생각이 들었어요. 저는 케임브리지 공작의 동상을 바라보며, 특히 아무도 주목하지 않는 삼각모에 꽂힌 깃털들을 바라보며, 그런 본능이 그들의 생활환경, 즉 문명의 결핍에서 비롯되었다는 생각을 했어요. 이런 결점들을 확실히 이해하고 나니 두려움과 비통함은 점차 동정심과 관용으로 바뀌었고, 1~2년 뒤에는 동정심과 관용마저 사라지고 어디에도 얽매이지 않고 사물을 있는 그대로 생각할 수 있는 자유가 찾아왔어요. 예컨대 저 건물이 제 마음에 들까요, 들지 않을까요? 저 그림은 아름다운가요, 그렇지 않은가요? 저 책은 제가 보기에 좋은 책일까요, 아닐까요? 고모님의 유산은 하늘을 가리던 장막을 벗겨주었고, 밀턴이 영원히 숭배하라던 크고 위압적인 남자의 모습 대신 활짝 트인 하늘을 보여주었어요.

그런 생각을 하며, 또 그렇게 깊은 생각에 잠긴 채 저는 강가에 있는 저의 집으로 돌아가는 길을 걸었어요. 등불은 밝게 빛나고, 런던은 말로 설명하기 어려울 만큼 아침과는 전혀 다른 모습이었어요. 마치 거대한 기계장치가 우리의 도움을 받으며 온종일 수고한 끝에 무척 아름답고 가슴 설레는 무언가를, 붉은 눈을 번쩍거리며 불타오르는 듯한 옷감과 뜨거운 입김을 뿜으며 울부짖는 황갈색 괴물을 만들어낸 듯했어요. 집들을 몰아치고 광고판을 요란하게 흔드는 바람은 마치 나부끼는 깃발처럼 보였어요.

그러나 제가 사는 작은 거리는 집안일들로 분주했어요. 집을 칠하는 일꾼이 사다리를 타고 내려오고, 아이 보는 하녀는 조심스레 유모차를 끌고 다니다가 이유식을 가지러 집 안을 드나들고, 석탄 운반부는 빈 석탄 자루들을 차곡차곡 접어서 정리하고, 청과상 주인 여자는 빨간 장갑을 낀 손으로 그날의 수입을 헤아리고 있었어요. 하지만 저는 여러분이 제 어깨 위에 올려놓은 문제에 마음을 빼앗긴 나머지 이 평범한 광경을 보면서도 그 안의 모든 것을 어느 한 가지 생각과 연관 지어 바라보았어요. 여러 직업 가운데 어느 것이 더 가치 있고 더 중요한지 판단하는 일은 100년 전과 비교해서 지금이 훨씬 더 어려울 거라는 생각이 들었어요. 석탄 운반과 아이 보는 하녀 일 가운데 어느 쪽이 더 좋은 일일까요? 청소 일을 하며 자식 여덟 명을 키운 여자가 세상에 이바지하는 바가 10만 파운드를 버는 변호사보다 적을까요? 물어봐야 아무 소용없는 질문이에요. 아무도 대답하지 못할 테니까요. 청소부와 변호사의 상대적 가치는 시대 상황에 따라 달라지는데, 현재의 가치만 재어보려 해도 제대로 측정할 만한 잣대가 없으니까요. 제가 교수에게 여성에 대한 그의 주장을 뒷받침할 '확실한 증거'를 제시하라고 요구한 일은 어리석은 짓이었어요. 지금 이 순간은 어떤 재능이 어떤 가치가 있다고 말할 수 있더라도 결국 그런 가치는 변할 테고, 한 세기 뒤에는 틀림없이 완전히 달라져 있을 테니까요. 그리고 저는 집 앞 계단을 오르며, 100년 뒤 여성은 보호받는 존재가 아닐 거라고 생각했어요. 필연적으로 여성은 한때 여성을 거부하던 모든 활동과 직무에서 제 몫을 담당하게 될 거예요. 아이 보는 하녀가 석탄을 운반하고, 가게 주인 여자가 기차를 운전할 거예요. 여성이 보호받는 존재일 때 관찰한 사실에 근거한 가설들— 예를 들어 (마침 군인 한 무리가 거리를 행진 중이었어요.) 여성과 성직자와 정원사는 남보다 오래 산다는 속설은 모두 사라지겠지요. 여성을 보호하는 대신 남성과 같은 직무와 활동에 노출시키고, 군인과 선원과 기관사와 부두 노동자가 되도록 내버려두더라도 여성이 남성보다 훨씬 이른 나이에, 훨씬 빨리 죽는 일은 없을 테고, 여성의 수가 줄어든 나머지 예전에 '나, 비행기 봤다'고 자랑했듯이 '나, 여자 봤다'고 자랑하는 일도 없을 거예요. 저는 문을 열며 여성이라는 이유만으로 보호받아야 한다는 생각이 사라지면 무슨 일이든지 가능할 거라고 생각했어요. 하지만 이런 생각들은 제가 써야 하는 강연문의 주제인 여성과 픽션하고 무슨 관련이 있을까요? 저는 그렇게 자문하며 집 안으로 들어섰어요.

3

저녁이 될 때까지 중요한 진술이나 신뢰할 만한 사실을 찾지 못하고 빈손으로 돌아오게 되어서 실망스러웠어요. 여성이 남성보다 가난한 데는 이런저런 이유가 있겠지요. 이제 진리를 찾으려는 노력은 그만두는 편이, 용암처럼 뜨겁고 구정물처럼 탁한, 눈사태처럼 밀려드는 수많은 주장을 머릿속에 모두 담으려는 시도를 포기하는 편이 나을 듯싶었어요. 커튼을 내려서 방해가 될 만한 것들을 가리고 등불을 켠 다음, 질문의 범위를 좁혀서 주장이 아닌 사실을 기록하는 역사학자에게 역사 전체가 아니라, 예컨대 영국의 엘리자베스 시대에는 여성의 생활 조건이 어떠했는지 묻기로 결심했어요.

남성이라면 누구나 노래나 소네트를 짓던 시대에, 여성은 그 훌륭한 문학 형식으로 단 하나의 작품조차 남기지 않았다는 사실은 언제나 풀리지 않는 수수께끼였어요. 당시 여자들은 어떤 조건에서 살았을까, 하고 저 자신에게 물어보았어요. 픽션은 상상력을 활용하는 작업이기 때문에 조약돌을 놓으면 바닥으로 떨어지는 과학적 현상과는 달라요. 픽션은 거미줄과 같아서 약하게나마 삶의 네 귀퉁이에 붙어 있답니다. 하지만 이런 관계를 알아차리기 힘들 때도 많아요. 예컨대 셰익스피어의 희곡은 그 자체로 완전한 존재로서 저절로 공중에 떠 있는 듯 보이니까요. 그렇지만 비스듬히 잡아당겨 가장자리에 고리를 꿴 다음 가운데를 찢어보면, 셰익스피어의 거미줄 역시 보이지 않는 동물이 허공에 자아낸 것이 아니라 고통받는 인간의 작품일 뿐이며, 건강과 돈, 우리가 사는 집처럼 지극히 현실적인 것들과 연결되어 있다는 사실을 깨닫게 되지요.

그래서 저는 역사책들이 꽂힌 서가로 가서, 최근에 나온 트리벨리언 교수의《영국사》를 꺼냈어요. 그런 다음 색인에서 '여성'을 찾아 '여성의 지위' 옆에 쓰인 숫자가 가리키는 페이지를 펼쳐 읽기 시작했어요. "아내를 구타하는 것은 남편의 공인된 권리며, 신분의 높고 낮음과 관계없이 거리낌 없이 자행된다. ……이와 유사하게, 부모가 고른 남성과 결혼하기를 거부한 딸은 감금하거나, 구타하거나, 방 안에 내동댕이치는 경우가 보통이며, 이런 행위가 사회적으로 문제가 되는 일은 없다. 결혼은 개인의 감정이 아닌 가문의 금전적 이해에 따라 결정되는 문제며, 특히 '기사도 정신에 충실한' 상류계급에서 이런 경향이 강하다. ……요람에 누운 아기를 약혼시키고, 보모의 품을 채 벗어나지 못한 아이를 결혼시키는 일도 드물지 않다." 이는 초서*가 죽고 얼마 지나지 않은 1470년 즈음의 기록이에요. 여성의 지위에 대한 다음 기록은 약 200년 뒤인 스튜어트 왕조 때의 것이에요. "상류계급과 중류계급 여성이 스스로 남편감을 고르는 일은 여전히 예외적인 경우일 뿐이며, 일단 남편이 결정되면 남편은 법률과 관습에 따라 주인이자 지배자로서의 지위를 보장받았다." 트리벨리언 교수는 다음과 같이 끝을 맺어요. "그러나 셰익스피어의 작품 속 여성 인물들과 17세기가 배경인 신뢰할 만한 전기물에 등장하는 버니 가문과 허치슨 가문의 여자들을 보면, 당시 여성이라고 해서 딱히 인격이나 개성이 부족했다고 볼 수는 없다." 잘 생각해보면 분명히 클레오파트라는 자기 나름의 방식대로 살았고, 레이디 맥베스도 자신의 의지에 따랐다고 볼 수 있으며, 로잘린드** 역시 매력적인 소녀였다고 말할 수 있어요. 셰익스피어 작품 속 여성 인물들에게 인격이나 개성이 부족하지 않다는 트리벨리언 교수의 주장은 틀림없는 사실이에요. 역사학자가 아닌 사람이라면 한 걸음 더 나아가, 태초부터 지금까지 존재한 모든 시인의 작품 속에서 여성은 봉홧불처럼 환히 타오르는 존재라고 말할 수도 있겠지요. 극작가의 작품 속 여성으로는 클리템네스트라, 안티고네, 클

* Geoffrey Chaucer, 1343?~1400. 중세 영국의 작가, 시인이다. 대표작으로《켄터베리 이야기》가 있다.

** 셰익스피어의 희극《뜻대로 하세요》의 여주인공이다.

레오파트라, 레이디 맥베스, 페드르, 크레시다, 로잘린드, 데스데모나, 몰피 공작부인* 등이 떠오르고, 산문 작가의 작품 속 여성으로는 밀라먼트**, 클라리사***, 베키 샤프****, 안나 카레니나, 에마 보바리, 게르망트 부인 등이 떠오르는데, 이들이 '인격과 개성이 부족한' 여성이라는 생각은 전혀 들지 않아요. 오히려 남자들이 쓴 픽션 속 여성들은 세상에서 가장 중요한 인물처럼 보여요. 매우 다재다능하고, 영웅적인 동시에 비열하며, 화려한 한편 더럽고, 무한히 아름다우면서도 극히 흉물스럽고, 남성만큼 위대하거나, 심지어 남성보다 더 위대해 보이기도 하는 그런 인물 말이에요.***** 그러나 그런 인물

---

* 영국의 극작가 J. 웹스터의 2대 비극 중 하나인 《몰피 공작부인》의 주인공이다.

** 윌리엄 콩그리브의 희곡 《세상만사(*The Way of the World*)》에 나오는 인물이다.

*** 새뮤얼 리처드슨의 소설 《클라리사(*Clarissa, or the History of a Young Lady*)》의 주인공이다.

**** 윌리엄 메이크피스 새커리의 《허영의 시장》의 주인공이다.

***** 도시국가 아테네에서 여성의 지위는 근동(近東)의 첩이나 노예처럼 소유물에 불과했는데도 아테네의 연극 무대는 클리템네스트라와 카산드라, 아토사와 안티고네, 페드르와 메데이아, 그리고 '여성 혐오증'이 있는 에우리피데스의 작품에서 늘 주도적 역할을 맡는 여주인공들과 같은 극중 인물을 만들어냈다는 사실은 기이하고, 거의 불가사의한 일이다. 그리고 점잖은 여성은 혼자서 거리에 나서기조차 힘든 현실과, 여성이 남성과 대등하거나 때로는 남성보다 우월하게 비치는 연극이 나란히 존재하는 이 세상의 모순은 한 번도 만족스럽게 설명되지 않았다. 여성이 우월한 현상은 현대 비극에도 존재한다. 여하튼 셰익스피어의 작품(웹스터의 작품도 마찬가지지만, 말로와 존슨의 경우는 다르다.)을 훑어보기만 해도 이런 주도권은, 다시 말해 여성의 자발적 성향은 로잘린드부터 레이디 맥베스에 이르기까지 일관된 경향으로 확연히 드러난다. 라신 역시 마찬가지인데, 그의 비극 작품 가운데 여섯 편은 여주인공의 이름을 제목으로 삼았다. 헤르미오네, 앙드로마크, 베레니스, 록사네, 페드르, 아탈리에 당해낼 만한

은 픽션 속 여성일 뿐이에요. 트리벨리언 교수가 지적한 대로 현실 속 여성은 감금되고, 두드려 맞고, 방 안에 내던져졌지요.

그 결과, 아주 기이하고 복합적인 존재가 등장해요. 여성은 상상 속에서는 세상 무엇보다 중요하지만, 실제로는 철저하게 비천한 존재예요. 시집을 보면 처음부터 끝까지 온통 여성에 대한 이야기뿐이지만, 역사책에서는 그 모습을 전혀 찾아볼 수 없어요. 픽션에서는 왕과 정복자들의 삶을 지배하지만, 현실에서는 누가 되었든 내 손가락에 반지를 끼운 사람의 아들을 섬겨야 하는 노예일 뿐이지요. 문학작품 속 여성은 대단히 기발하고 의미심장한 말과 생각들을 내뱉기도 하지만, 실생활에서는 제대로 읽고 쓰지도 못하는, 그저 남편의 소유물일 따름이지요.

독수리 날개가 달린 벌레, 부엌에서 쇠기름 덩이를 토막 내는 생명과 아름다움의 정령 ― 이런 괴물은 역사책을 읽고 나서 시집을 읽은 사람이 만들어낸 존재가 틀림없어요. 그러나 이런 괴물은 상상하기는 즐거울지 몰라도, 실제로는 존재하지 않아요. 살아 있는 여성을 불러내려면 시적인 동시에 산문적으로 생각하면서, 현실과 연결된 끈을 놓지 말아야 해요. 예컨대 이름은 마틴 부인이고, 나이는 서른여섯, 파란 옷을 입고 검은 모자를 쓰고 갈색 신발을 신고 있으면

남자가 라신의 작품 속에 존재하는가? 입센도 마찬가지로, 어떤 남성 인물이 솔베이지와 노라, 헤다와 힐다 반겔과 레베카 웨스트에 당하겠는가? ―F. L. 루카스, 《비극》, pp. 114~115 (원주)

서, 그와 동시에 픽션 속 모습대로 — 쉴 새 없이 번쩍거리며 어지러이 날아다니는 온갖 정령과 신비한 힘을 담는 그릇을 떠올려야 해요. 그러나 이런 방법을 엘리자베스 시대의 여성에게 적용하면 그 순간 광채의 일부를 잃고 마는데, 이는 사실에 대한 기록이 부족한 탓이에요. 자세한 사정이나 근거가 확실한 진실이 무엇인지 알 방법이 없으니까요. 역사는 여성을 거의 언급하지 않아요. 다시 트리벨리언 교수에게 돌아가서, 그분은 역사가 무엇이라고 생각하는지 찾아보았어요. 각 장의 제목을 살펴보니 그분에게 역사는 다음과 같았어요.

> 영주의 저택과 개방 경작제…… 시토 수도회와 양치기…… 십자군…… 대학…… 하원의회…… 백년전쟁…… 장미전쟁…… 르네상스 학자들…… 수도원의 해체…… 소작쟁의와 종교 분쟁…… 영국 해상 패권의 기원…… 무적함대…….

엘리자베스나 메리처럼 여왕이나 귀부인이 따로 언급되기도 했어요. 하지만 역사학자가 역사의 한 조각으로 여기는 거대한 시대적 동향에 지성과 품성만을 갖춘 중류층 여성이 참여한 기록은 눈을 씻고 찾아봐도 없었어요. 그 어떤 일화 모음집을 봐도 여성의 모습은 찾을 수 없었어요. 오브리* 같은 작가는 여성은 거의 언급조차

---

* John Aubrey, 1626~1697. 영국의 전기 작가다.

하지 않았어요. 여성이 자신의 삶을 글로 남기거나 일기를 쓰는 일도 전혀 없었어요. 겨우 한 줌에 불과한 편지들만 남았을 뿐이지요. 연극이나 시를 쓰지도 않았으니 비평을 하고 싶어도 방법이 없어요. 우리에게 필요한 건 많은 정보 — 뉴넘과 거턴의 어느 총명한 학생이 찾아준다면 좋겠지요? — 라고 생각했어요. 몇 살에 결혼하고, 아이는 보통 몇 명을 낳고, 집은 어떤 모습이었을까요? 자기만의 방이 있었을까요? 직접 요리를 했을까요? 하인을 두는 경우는 흔했을까요? 이런 모든 기록은 아마 교구 기록부나 회계 장부 어딘가에 남아 있을 거예요. 평범한 엘리자베스 시대 여성의 삶은 틀림없이 어딘가 이곳저곳에 흩어진 기록으로 남아 있을 테고, 그것들을 한데 모아 책으로 엮을 수도 있겠지요. 저는 존재하지 않는 책들을 찾아 서가를 돌아다니며, 저 이름난 대학의 학생들에게 역사를 다시 쓰자고 제안하는 건 제가 감당하기 어려울 만큼 야심 찬 일일 거라고 생각했어요. 역사란 본래 비현실적이고 편향적이기에, 종종 조금은 기이하게 보이기도 한다는 점은 인정하지만요. 그렇더라도 종전의 역사에 부록을 만들어서는 안 되는 이유가 있을까요? 물론 그 속에 등장하는 여성의 모습이 부당한 편견에 왜곡되지 않게끔, 부록에는 그리 눈길을 끌지 않는 제목을 붙이고 말이에요. 위인의 생애 속에서 어렴풋이 모습을 드러냈다가 금세 눈에 띄지 않는 곳으로 떠밀리고 마는 여성들에게도 그들만의 눈짓과 웃음, 어쩌면 눈물이 있었으리라는 생각을 저는 가끔씩 떠올려요. 어쨌든 우리는 제인 오스틴의 생애에 대해서는 충분히 알고 있으며, 조안나 베일리의 비극들이 에드거 앨런 포의 시에 미친 영향은 더 이상 따져볼 필요조차 없지요. 또 메리 러셀 미트퍼드가 살던 집과 자주 찾던 장소들을 일반 대중이 돌아보지 못하게끔 100년쯤 막아놓는다고 하더라도 저는 아쉽게 여기지 않을 거예요. 그러나 다시 서가를 돌아보며 제가 안타깝게 느낀 점은 18세기 이전의 여성에 대해서는 아무것도 알 수 없다는 사실이었어요. 머릿속에 모습을 그려놓고 이리저리 돌려가며 뜯어볼 수 있는 대상이 단 한 명도 존재하지 않아요. 지금 이 자리에서 엘리자베스 시대 여성들은 왜 시를 쓰지 않았는지 묻는 저조차 당시 여성이 어떻게 교육받았는지, 글 쓰는 법을 배우긴 했는지, 집 안에 편히 머물 만한 공간이 있긴 했는지, 스물한 살이 되기 전에 아이를 낳은 여성은 얼마나 많았는지, 다시 말해 당시 여성들이 아침 8시부터 밤 8시까지 무엇을 하며 지냈는지 제대로 알지 못한답니다. 틀림없이 돈은 없었을 거예요. 트리벨리언 교수에 따르면 대개 아직 어린아이일 때, 열다섯에서 열일곱 살이면 좋든 싫든 무조건 결혼해야 했으니까요. 이런 상황을 보면, 당시의 여성이 어느 날 갑자기 셰익스피어의 희곡과 같은 작품을 쓴다면 그 또한 무척 이상한 일이었을 거예요. 그때, 지금은 돌아가시고 없지만 한때 주교였던 어느 노신사가 떠올랐어요. 과거든 현재든 앞으로든 여성은 절대로 셰익스피어와 같은 재능을 지닐 수 없다고 단언하신 분이지요. 그런 이야기를 신문에 쓰곤 했어요. 그러다가 한번은 어느 귀부인의 질문에 답하며, 솔직히 말해서 고양이는 천국에 가지 못한다고 말씀하신 적도 있어요. 그렇지만 고양이도 영혼 비슷한 게 있긴 하다고 덧붙였지요. 그런 분들 덕분에 우리는 얼마나 생각을 덜하면서 살 수 있는지! 또 그분들이 다가갈 때마다 무지의 영역은 또 얼마나 줄어드는지! 고양이는 천국에 가지 못하고, 여성은 셰익스피어 희곡을 쓰지 못한답니다.

그건 그렇지만, 서가에 꽂힌 셰익스피어의 작품들을 바라보자니 주교의 말씀 가운데 셰익스피어에 관한 말만은 옳다는 생각이 들었어요. 셰익스피어 시대에는 어느 여성도 셰익스피어의 희곡과 같은 작품을 결코 쓰지 못했을 테니까요. 실제 사례는 찾기 어려우니까, 그 대신 셰익스피어에게 놀라운 재능이 있는 주디스라는 누이동생이 있었다고 상상해보기로 해요. 셰익스피어는 학교에 다닌 게 거의 확실—그의 어머니는 상당한 유산을 물려받은 상속녀였어요—하고, 학교에서 라틴어 문학—오비디우스와 베르길리우스, 호라티우스 등—과 기초 문법과 논리학을 배웠을 거예요. 다들 알다시피 어린 셰익스피어는 남의 토끼를 몰래 잡거나 사슴을 사냥하는 등 말썽꾸러기였고, 적절한 시기보다 일찍 그의 아이를 밴 이웃 여자와 다소 이른 나이에 결혼했지요. 이 불장난 때문에 그는 런던에 와서 돈을 벌어야 했어요. 극장 일이 입맛에 맞았는지 무대 출입구에서 말을 지키는 일을 시작했답니다. 금세 극장에 자리를 잡은 셰익스피어는 배우로서 성공을 거두었고, 세상의 중심에서 살아가며 수많은 사람을 만나고, 수많은 사람과 교류하며, 무대 위에서는 예술을 펼치고, 거리에서는 재치를 뽐냈으며, 나중에는 여왕이 계신 왕궁에도 드나들었어요. 그동안 특별한 재능이 있는 그의 누이동생은 아마 그냥 집에 머물렀겠지요. 그녀도 오빠 못지않게 모험심이 많고 상상력이 풍부하며 넓은 세상을 동경했지만, 그녀는 학교에 다니지 못했어요. 베르길리우스나 호라티우스를 읽기는커녕 기초 문법과 논리학을 배울 기회조차 없었어요. 이따금 오빠의 책을 집어 들고 몇 페이지씩 읽곤 했지요. 그럴 때면 부모님이 들이닥쳐서는 양말을 기워놓거나 스튜 냄비 앞을 지키고 있으라면서, 쓸데없이 책이나 신문 따위를 들여다보며 빈둥거리지 말라고 말씀하셨어요. 부모님의 말씀은 꾸중인 동시에 애정 어린 충고였어요. 그분들은 여성이 어떤 조건 속에서 살아가야 하는지 잘 알았고, 무엇보다 딸을 사랑했으니까요. 주디스는 아버지에게 눈에 넣어도 아프지 않은 딸이었을 거예요. 사과를 저장하는 다락방 창고에서 남몰래 몇 장씩 글을 쓰기도 했지만, 마음 졸이며 감춰놓거나 태워버렸어요. 아직 10대인 그녀는 이웃에 사는 양털 상인의 아들과 약혼해야 했어요. 그녀는 결혼하기 싫다고 울부짖었고, 결국 아버지에게 가혹하리만큼 두들겨 맞았지요. 그리고 아버지는 더 이상 주디스를 꾸짖지 않았어요. 그 대신 아버지의 명예를 더럽히지 말아달라고, 결혼 문제 때문에 아버지를 부끄럽게 만들지 말아달라고 딸에게 간청했어요. 두 눈에 눈물이 고인 채, 구슬 목걸이나 고급 페티코트를 사주면서 말이에요. 그런 아버지의 말씀을 어떻게 거역하겠어요? 그런 아버지의 가슴에 어떻게 상처를 남기겠어요? 하지만 재능은 그녀를 가만히 내버려두지 않았어요. 어느 여름밤, 작은 꾸러미에 소지품을 챙겨 넣은 주디스는 밧줄을 타고 창밖으로 내려와 런던을 향해 길을 떠났어요. 그때 그녀는 열일곱도 안 된 어린 나이였어요. 산울타리 속에서 노래하는 새들도 그녀의 음악적 재능에는 미치지 못했어요. 그녀 역시 오빠만큼이나 운율을 다루는 상상력이 뛰어났거든요. 그리고 오빠처럼 연극에 흥미가 있었어요. 무대 출입문 앞에 서서 연기를 하고 싶다고 말했지요. 남자들은 그녀 면전에서 웃음을 터뜨렸어요. 뚱뚱하고 수다스러운 감독이 껄껄거리며 웃더니, 춤추는 푸들과 연기하는 여자에 대해 무언가 큰 소리로 떠들면서, 여자는 절대로 배우가 될 수 없다고 말했어요. 그러면서 사내는 넌지시 여자를 무언가에 빗대어 말했어요. 무엇인지는 따로 말하지 않아도 상상이 되실 거예요. 결국 주디스는 직업 기술을 연마할 기회를 얻지 못했어요. 여인숙에서 저녁을 먹거나 한밤중에 거리를 돌아다닐 수는 있었을까요? 그녀의 재능은 픽션을 창작하는 능력인데, 그런 능력을 발휘하려면 남녀의 삶과 그들의 행동을 충분히 관찰해야 했어요. 결국 주디스는 — 아주 어린 데다가, 잿빛 눈동자와 둥근 눈썹이 시인 셰익스피어를 이상하리만큼 빼닮은 덕분에 — 배우 겸 감독인 닉 그린의 동정을 샀는데, 이내 그의 아이를 임신했다는 사실을 깨닫고는 — 여성의 몸속에 얽매여 갇혀 있는 시인의 열정과 맹렬함이 어느 정도인지 그 누가 알겠어요? — 어느 겨울밤 스스로 목숨을 끊었고, 지금은 버스 정류장이 되었을 엘리펀트 앤드 캐슬 밖 어느 네거리*에 묻혔어요.

셰익스피어 시대에 여성이 셰익스피어의 재능을 타고났다면 아마 이야기가 이렇게 흘렀을 듯싶어요. 그러나 저로서는 돌아가신 주교님 — 그분이 정말 주교였는지는 모르겠지만 — 의 말씀에 동의할 수밖에 없어요. 셰익스피어 시대에는 어느 여성도 셰익스피어의 비범한 재능을 갖지 못했을 거예요. 셰익스피어와 같은 천재는 고된 일을 하며, 교육도 받지 못한 채 노예처럼 생활하는 사람들 속에서는 태어나지 않으니까요. 색슨족과 브리튼족이 지배하던 시절의 영국에서도 태어나지 않았으며, 오늘날 노동계급에서도 태어나지 않아요. 트리벨리언 교수에 따르면 여성은 대부분 어린아이 티를 채 벗기도 전에 부모의 강요와 법률과 관습의 강제력으로 일을 할 수밖에 없었는데, 어떻게 그런 천재적 재능이 여성들에게서 출현할 수 있었겠어요? 그러나 노동계급에서도 천재가 태어나듯, 여성 가운데서도 틀림없이 천재가 있었을 거예요. 가끔씩 에밀리 브론테나 로버트 번스** 같은 이들이 나타나서 눈부신 재능을 뽐내며 그 존재를 증명하니까요. 그러나 셰익스피어 시대의 여성은 그런 재능

---

* 과거 영국에는 자살자를 네거리에 매장하는 풍습이 있었다.

** Robert Burns, 1759~1796. 스코틀랜드의 민족 시인으로 가난한 농부의 아들로 태어나 고된 일을 하면서도 틈틈이 시를 읽고 썼다.

을 종이 위에 펼친 적이 없어요. 그런데도 마녀재판을 받는 마녀와 귀신 들린 여자, 약초를 파는 지혜로운 여자, 심지어 어느 훌륭한 남성의 어머니가 등장하는 글을 읽을 때면 실종된 소설가나 핍박받는 시인, 침묵하는 무명의 제인 오스틴, 모든 지성을 황무지에 내다버렸거나 억눌린 재능 때문에 정신이 나간 채 얼굴을 찌푸리고 큰길가를 서성이는 에밀리 브론테의 발자취를 발견한 듯한 생각이 들어요. 사실 저는 수많은 시를 남기고도 이름을 밝히지 않은 시인들 가운데 상당수는 감히 추측하건대, 여성이었을 거라고 생각해요. 에드워드 피츠제럴드가 주장했듯이 민담과 민요를 만들어서 아이를 어르고, 길쌈과 긴 겨울밤의 무료함을 달래던 이들은 틀림없이 여성이었을 테니까요.

이런 생각은 옳을 수도 있고 틀릴 수도 있겠지요. 누가 알겠어요? 그렇지만 제가 지어낸 셰익스피어의 누이동생 이야기를 되짚어보면 16세기에 위대한 재능을 타고난 여성은 미쳐버리거나, 자살하거나, 마을 밖 외딴 오두막에서 마녀나 마술사 취급을 받으며 두렵고도 조롱받는 존재로 생을 마감했으리라는 것이 확실해요. 뛰어난 재능을 타고난 소녀가 그 재능을 발휘해서 시를 쓰려다가 타인의 억압과 방해에 부딪혀서 좌절하고, 자기 안의 모순된 본능들 때문에 고통받고 갈가리 찢겼다면 틀림없이 몸과 마음의 건강을 잃고 말았으리라는 것 정도는 심리학에 그리 밝지 않아도 쉽게 추측할 수 있어요. 혼자 런던까지 걸어오고, 무대 출입구 앞을 서성이다가,

배우 겸 감독들이 있는 곳까지 억지로 헤집고 들어가는 동안 소녀는 험한 꼴을 자초하거나 불합리하지만— 순결이란 특정 사회집단이 알 수 없는 이유로 만들어낸 미신적 숭배의 대상에 불과할 테니까요— 피할 도리가 없는 고통을 겪을 수밖에 없었을 거예요. 지금도 마찬가지지만 당시 여성의 삶에서 순결은 종교적 중요성을 지니는 가치였기 때문에, 그 주변을 둘러싼 민감한 신경과 본능들을 끊고 한낮의 태양 아래로 그런 문제를 끌어내는 것은 어지간한 용기로는 불가능한 일이었어요. 16세기 런던에서 여성이 시인이자 극작가로서 자유로이 살아간다면 그에 따른 정신적 압박과 딜레마는 그녀를 죽음으로 내몬다고 해도 이상하지 않을 만큼 대단했을 거예요. 살아남는다 하더라도 억눌리고 병적인 상상력에서 비롯된 작품들은 아마 추하고 뒤틀린 모습으로 변하고 말았겠지요. 저는 여성이 쓴 희곡은 한 권도 없는 서가를 바라보면서, 주디스 역시 자기 작품에 이름을 남기지 않았을 거라는 확신이 들었어요. 그게 바로 그녀가 찾은 피난처였겠지요. 순결 관념의 유산은 19세기까지도 여성에게 익명을 강요했어요. 커러 벨*, 조지 엘리엇, 조르주 상드의 작품을 보면 그들이 내적 갈등의 희생자라는 사실이 잘 드러나는데, 그들은 모두 남자 이름을 내세워 자신이 여성이라는 사실을 감추려고 했지만 결국 실패하고 말았어요. 그들은 여성의 명성을 혐

---

* 샬럿 브론테의 필명이다.

오스러워하는 전통을 존중한 셈인데, 그런 전통은 남성이 만들었거나 적어도 남성들이 적극적으로 부추긴 것이에요. (페리클레스는 사람들 입에 오르내리는 건 여성으로서 최고의 영예가 될 수 없다고 말했는데, 실은 그야말로 수많은 사람의 입에 오르내린 사람이랍니다.) 익명성은 여성의 핏속에 흐르고 있어요. 베일 뒤에 숨고 싶은 욕구가 여전히 여성을 지배해요. 지금도 여성은 자신의 평판에 대해 남성만큼 신경 쓰지 않으며, 묘비나 표지판 옆을 지나더라도 자기 이름을 새겨넣고 싶은 충동에 휘둘리는 일이 거의 없지만, 앨프나 버트, 체스와 같은 남자들은 본능을 이기지 못하고 자기 이름을 써넣고야 말고, 아름다운 여자 혹은 개가 지나는 모습을 볼 때면 본능적으로, '스 시앵 에 타 무아(Ce chien est à moi)'*라고 중얼거리지요. 물론 런던의 의회 광장과 베를린의 지게스 알레** 등 큰 거리들을 떠올려보면 그 대상은 개뿐만이 아니며, 땅 한 뙈기나 검은 고수머리를 한 남자일 때도 있다는 사실을 짐작할 수 있어요. 여성으로 태어나서 좋은 점 한 가지는 무척 아름다운 흑인 여성 옆을 지나더라도 그녀가 영국 여자가 아니라는 사실을 아쉬워하지 않아도 된다는 것이지요.

그러므로 16세기에 시적 재능을 타고난 여성은 자기 자신에 맞서 싸워야 했어요. 그녀의 생활 여건과 본능들이 머릿속에 떠오르

---

* 프랑스어로 '저 개는 내 거야'라는 뜻이다.

** 독일 베를린에 있는 큰길이다. 독일 민족 영웅의 조각상들이 많았지만 2차 세계대전 이후 대부분 파괴되거나 옮겨졌다. 독일어로 '승리의 길'이라는 뜻이다.

는 모든 것을 자유롭게 풀어놓으려는 그녀의 마음과 충돌했으니까요. 그렇다면 창작 행위에 가장 알맞은 마음 상태란 무엇일까요? 창작이라는 기묘한 행위를 가능케 하고 장려하는 마음 상태를 이해할 방법이 있을까요? 그때 저는 셰익스피어의 비극들이 수록된 책을 펼쳤어요. 예컨대《리어왕》과《안토니우스와 클레오파트라》를 쓸 당시, 셰익스피어의 마음 상태는 어떠했을까요? 틀림없이 시를 쓰기에 더없이 적당한 상태였겠지요. 그러나 셰익스피어는 그에 대해 전혀 언급하지 않았어요. 우리는 그저 셰익스피어가 '글자의 획 하나도 잘못 쓴 적이 없다'는 사실을 우연히, 그리고 자연스레 알 뿐이지요. 실제로 작가 스스로 자신의 마음 상태를 이야기하기 시작한 건 18세기 이후의 일이에요. 시작은 아마 루소였을 거예요. 어쨌든 19세기 접어들어 자의식이 발달하면서 문필가들은 관습인 양 자신의 마음을 참회록과 자서전에 묘사하기 시작했어요. 그들의 삶을 다룬 책들이 나오고, 주고받은 편지들도 사후에 출간되었어요. 덕분에 우리는 셰익스피어가《리어왕》을 쓸 당시 어떤 심정이었는지는 모르지만, 토머스 칼라일이《프랑스 혁명》을 저술하는 동안 무슨 일을 겪었는지, 귀스타브 플로베르가《보바리 부인》을 쓰면서 어떤 경험을 했는지, 존 키츠가 다가오는 죽음과 무심한 세상에 맞서 힘겹게 시를 쓰는 동안 무슨 일들이 일어났는지 잘 알고 있어요.

고백과 자기 분석 형식을 띤 수많은 현대문학 작품을 보면, 천재적 작품은 대개 엄청난 어려움을 극복하고 이루어낸 업적임을 알 수 있어요. 온갖 방해물들이 작가의 마음속에 있던 작품이 원래의 완전한 모습 그대로 세상에 나오지 못하도록 방해하니까요. 문제가 되는 건 보통 물리적 환경이에요. 개들이 짖어대고, 누군가 불쑥 끼어들고, 돈이 떨어지고, 건강에 탈이 나지요. 이 모든 어려움을 더욱 크게, 더욱 견디기 힘들게 하는 건 세상의 지독한 무관심이에요. 세상은 시와 소설과 역사책을 써달라고 부탁하지 않아요. 세상에 그런 게 꼭 필요하진 않으니까요. 플로베르가 딱 알맞은 낱말을 찾든지 말든지, 칼라일이 이런저런 사실들을 꼼꼼히 검증하든지 말든지 아무 상관도 하지 않아요. 그리고 원치 않는 것에는 당연히 돈을 지불하지도 않지요. 그런 탓에 키츠와 플로베르, 칼라일 같은 작가들은, 특히 처음 창작을 시작했을 즈음에 온갖 방해와 좌절을 겪어야 했어요. 고백과 자기 분석을 담은 책들에서는 저주와 고통에 겨운 절규가 들려와요. '비참한 죽음을 맞은 위대한 시인들'*— 그들의 노래에서는 이런 구절이 반복되지요. 이 모든 어려움에도 새로운 무언가가 나온다면 그건 기적이며, 처음 생각 그대로 어느 곳 하나 상하지 않고 태어나는 책은 한 권도 없을 거예요.

그러나 저는 텅 빈 서가를 보며, 여성에게는 이런 어려움이 한없이 더 컸으리라고 생각했어요. 무엇보다 19세기 초까지도 조용하

---

* 윌리엄 워즈워스의 시 〈결의와 독립(Resolution and Independence)〉에서 인용한 구절이다.

고 바깥 소리가 들리지 않는 방은커녕, 자기만의 방을 갖는 것조차 부모님이 특별히 부유하거나 신분 높은 귀족이 아니라면 어림없는 일이었으니까요. 아버지가 마음 내키실 때나 주시는 용돈은 겨우 옷이나 사 입을 정도였기 때문에 키츠나 테니슨, 칼라일처럼 도보 여행을 하거나 프랑스로 단출한 여행을 떠날 수도 없었고, 편하지는 않아도 가족의 요구와 횡포를 피해 살 수 있는 하숙집에 혼자 나와 사는 일도 불가능했어요. 이런 물질적 어려움도 만만치 않았지만, 비물질적 어려움은 훨씬 더 심각했어요. 천재성을 타고난 키츠와 플로베르 같은 남성들은 세상의 무관심이 매우 견디기 힘들다고 토로했지만, 여성은 단순한 무관심이 아닌 적의에 맞서야 했어요. 여성에게 세상은 남성을 대할 때처럼 네가 쓰고 싶으면 쓰도록 해, 라는 말조차 하지 않았고, 그건 저한테도 마찬가지예요. 그 대신 세상은 크게 웃음을 터뜨리며 말했어요. 글을 쓴다고? 네가 그런 걸 써서 무얼 하려고? 저는 다시 서가의 빈 공간을 바라보며, 이제부터는 뉴넘과 거턴의 심리학자들이 우리에게 도움이 될지도 모르겠다고 생각했어요. 언젠가 유제품 회사에서 보통 우유와 A등급 우유가 쥐의 몸에 각각 어떤 영향을 미치는지 측정하는 광경을 본 적이 있는데, 이제 우리도 의욕을 꺾는 말들이 작가의 마음에 미치는 영향을 측정해볼 때가 되었으니까요. 유제품 회사에서는 쥐 두 마리를 나란히 있는 철창 속에 한 마리씩 넣어두었어요. 한 마리는 눈치를 많이 살피고 겁이 많고 몸집도 작은 반면, 다른 한 마리는 털에 윤기가 흐르고 대담한 데다 몸집도 크더군요. 지금 우리는 여성 예술가에게 어떤 음식을 먹이나요? 저는 말린 자두와 커스터드소스가 나온 저녁 식사를 떠올리며 물었어요. 이 질문의 답은 석간신문을 펼치고 버컨헤드 경의 주장을 찾아서 읽으면 바로 구할 수 있어요. 하지만 솔직히 여성의 글쓰기에 대한 버컨헤드 경의 주장을 옮겨 적고 싶단 생각은 들지 않네요. 잉 사제장의 말씀도 굳이 언급하지 않을게요. 런던 할리가(街) 의사들이 그분의 호통을 메아리처럼 되풀이하더라도, 저는 눈 하나 깜짝하지 않을 거예요. 저는 그분들 대신 오스카 브라우닝 씨의 말씀을 인용하려고 해요. 오스카 브라우닝 씨는 한때 케임브리지대학교의 거물 인사였고, 거턴과 뉴넘칼리지의 학생들에게 시험을 내고 평가하던 분이니까요. 오스카 브라우닝 씨는 자신이 매긴 점수와 무관하게 "시험지들을 훑어보고 난 뒤 뇌리에 남는 인상은, 가장 똑똑한 여학생조차 가장 어리석은 남학생보다 지적으로 열등하다는 것"이라고 입버릇처럼 말씀하셨지요. 그런 말씀을 하고 자신의 방으로 돌아온 브라우닝 씨는—다음 이야기를 들으면 그분을 친근한 동시에, 크고 위대한 성인(聖人)처럼 느끼게 되지요—마구간에서 일하는 소년이 소파에 누워 있는 모습을 발견했어요. "뼈만 남은 몰골에, 누렇게 뜬 뺨이 움푹 파였고, 이는 새까맸으며, 몸을 제대로 가누지도 못하는 듯 보였다……. '아서로군. (하고 브라우닝 씨는 말했어요.) 아서는 누구보다도 마음이 고결한, 실로 기특한 아이야.' " 이런 두 가지 사례는 항상 서로 보완하는 듯 보여요. 지금처럼 전기문학이 융성한 행복한 시대에는 이렇게 서로 보완하는 여러 사례들 덕분에, 위인의 주장을 해석할 때 그 분의 말뿐만 아니라 행동까지 참고할 수 있지요.

요즘에는 이렇게 다양한 해석이 가능하지만, 50년 전만 하더라도 중요한 인물의 입에서 나온 주장은 엄청나게 강력한 힘을 발휘했을 거예요. 어느 아버지가 딸이 집을 떠나서 작가나 화가, 학자가 되는 것을 지극히 좋은 의도로 반대한다고 가정해보세요. 아버지는 이렇게 말씀하시겠지요. "오스카 브라우닝 씨의 말씀을 들어보거라." 오스카 브라우닝 씨뿐만 아니라 《새터데이리뷰》와 그레그 씨—"여성 존재의 본질은 **남성의 부양을 받으며, 남성을 섬기는 것**"이라고 단언하신 분이에요—도 있고, 지적 영역에서는 여성에게 아무것도 기대할 수 없다는 생각을 공유하는 남성의 주장 또한 어마어마하게 많았어요. 아버지가 직접 이런 주장들을 소리 내어 읽어주지 않더라도, 딸 혼자서 그런 글들을 읽기도 했을 텐데, 그런 글들은 19세기에도 여전히 소녀의 활기를 빼앗고, 소녀의 작품을 지독히 비하했을 거예요. 그런 주장—너는 이건 못해, 저건 할 수 없어—은 항상 존재했고, 늘 저항하고 극복해야 하는 대상이었어요. 아마 이런 병균은 소설가에게는 더 이상 큰 영향을 미치지 못할 거예요. 벌써 훌륭한 여성 소설가가 여럿 나왔으니까요. 그러나 화가에게는 여전히 고통스러울 테고, 추측컨대 음악가에게는 지금도 위협적일뿐더러 맹독처럼 해롭겠지요. 지금 여성 작곡가의 지위는 셰익스피어 시대의 여배우와 다르지 않을 거예요. 제가 지어낸 셰익스피어의 누이동생 이야기를 다시 떠올려보면, 닉 그린은 여자가 연기하는 모습을 상상하면 춤추는 개가 떠오른다고 말했어요. 200년 뒤에는 존슨이 여성 목사에 대해 똑같은 말을 했지요. 그리고 저는 음악에 관한 책을 펼치며, 서기 1928년인 지금도 우리는 작곡을 하려는 여성들에게 똑같은 말을 되풀이한다는 생각을 했어요. "제르멩 타유페르 양에 대해서는 여성 목사에 대한 존슨 박사의 의견을 단어만 음악 용어로 바꿔서 다시 말할 수 있다. '여자가 작곡을 하는 건 개가 뒷발로 걸어 다니는 것과 다르지 않습니다. 잘하지는 못하지만, 할 수 있다는 사실 자체가 놀랍기는 합니다.'"* 역사는 그렇게 한 치도 다름없이 반복된답니다.

그래서 저는 오스카 브라우닝 씨의 전기를 덮고 나머지 책들을 치우며, 19세기에도 여성은 예술가가 되라는 격려를 받지 못한 게 명백하다는 결론을 내렸어요. 격려는커녕 돌아오는 건 무시와 손찌검, 설교와 훈계뿐이었지요. 이건 반대하고 저건 허락하지 않는 통에 여성의 마음은 위축되고 활기도 줄었을 거예요. 이제 우리는 무척 흥미로운 동시에 모호한, 그리고 여성운동에도 큰 영향을 미친 남성 콤플렉스의 영역에 다시금 들어설 텐데, **여성**이 열등하기보다는 **남성**이 우월하기를 바라는 그 뿌리 깊은 욕망은 남성으로 하여

---

* 세실 그레이, 《현대 음악 개관》, p. 246 (원주)

금 모든 자리를 독차지하고, 여성의 예술 활동뿐만 아니라 정치 활동마저 가로막게 하지요. 이는 남성에게 돌아가는 위험 부담이 미미하고, 탄원자의 태도가 겸손하고 헌신적일 때도 마찬가지예요. 정치에 큰 열정을 품었던 레이디 베스버러*조차 겸허히 자신을 낮추고 그랜빌 레베슨-고어 경**에게 다음과 같은 편지를 쓸 수밖에 없었어요. "……비록 제가 정치에 대해 적극적이고 정치에 대한 많은 이야기를 하지만, 여성은 정치를 비롯한 다른 중대한 문제에 관여할 자격이 없으며, (누가 물을 때에 한해) 자기 의견을 드러내는 정도에 그쳐야 한다는 말씀에는 전적으로 동의하는 바예요." 그러고는 아무도 방해하지 않는 한없이 중요한 주제인 그랜빌 경의 첫 하원의회 연설에 대해 열변을 토하지요. 그건 확실히 이상한 광경이었어요. 여성해방에 반대하는 남성의 역사는 아마 여성해방의 역사보다 오히려 흥미로울 거예요. 거턴과 뉴넘의 학생 가운데 누군가가 그 사례를 모아 이론을 도출해낸다면 재미있는 책이 될 듯하지만— 순금처럼 소중한 자신을 지켜내려면 창살이 필요할 테고, 손에는 두꺼운 장갑을 껴야 할 거예요.

그러나 지금은 재미있게만 보이는 일도 한때는 간절하고 절실한

---

* Henrietta Ponsonby, 1761~1821. 베스버러 백작부인을 말한다. 남편의 폭력적인 학대에 시달렸고 그 탈출구로 결혼 생활 동안 수많은 연인을 두었다.

** Granville Levenson-Gower, 1773~1846. 그랜빌 백작을 말한다. 영국의 정치가, 외교관으로 베스버러 백작부인의 연인이었다.

문제였을 거라고, 저는 레이디 베스버러의 전기를 덮으며 생각했어요. 지금은 '꼬끼오 수탉'이라는 공책에 오려 붙여놓고 여름밤 선택된 청중에게 읽어주려고 보관하는 이런저런 의견들도 한때는 누군가의 눈물을 쏟게 했을 게 틀림없어요. 우리 할머니와 증조할머니 가운데는 눈이 퉁퉁 붓도록 우신 분도 많았겠지요. 플로렌스 나이팅게일도 괴로워하며 비명을 질렀답니다.* 더욱이 여러분은 대학에 들어와서 자기만의 거실 — 침실 겸 거실인가요? — 을 만끽하고 있으니, 진정한 천재라면 그런 의견들을 무시해야 하며, 남의 말 따위는 극복해야 한다고 말하는 것도 당연해요. 그러나 공교롭게도 자기에 대한 말을 가장 많이 의식하는 이들은 바로 그런 재능이 있는 남녀들이랍니다. 키츠가 자기 묘비에 새겨 넣은 글귀를 떠올려보세요. 테니슨의 경우를 생각해보세요. 자신에 관한 말에 지나치게 신경을 쓰는 게 예술가의 본성이라는, 안타깝지만 부인할 수 없는 사실의 예를 더 들 필요는 없겠지요. 문학은 타인의 생각을 비이성적일 만큼 신경 쓰다가 파멸한 이들의 잔해로 가득하답니다.

원래 질문으로 돌아와서 창작 활동을 하는 데 가장 알맞은 마음 상태가 무엇일지 생각하다 보니, 이렇게 민감한 예술가들의 마음이 더욱 안타깝게 느껴졌어요. 자기 안에 있는 작품을 원래의 완전한

---

* R. 스트레이치의 《이유》에 실린 플로렌스 나이팅게일의 〈카산드라〉를 참조하라. (원주)

모습 그대로 바깥세상에 자유로이 풀어놓는 경이로운 작업을 해내려면, 예술가의 마음은 환하게 타올라야 해요. 저는《안토니우스와 클레오파트라》의 한 장면이 펼쳐진 책을 바라보며, 셰익스피어의 마음이 바로 그러했을 거라 추측했어요. 틀림없이 그의 마음속에는 어떤 걸림돌이나 해소되지 않은 외부의 문제는 없었을 거예요.

셰익스피어의 마음 상태에 대해 아무것도 모른다고들 말하지만, 그렇게 말하는 순간에도 우리는 셰익스피어의 마음에 대해 이야기하는 셈이에요. 우리가 셰익스피어에 대해 — 존 던이나 벤 존슨, 밀턴과 비교해서 — 거의 알지 못하는 이유는 그의 원한과 악의와 반감 등이 우리에게 드러나지 않았기 때문일 거예요. 우리는 셰익스피어를 연상시키는 어떤 '폭로'에도 휘둘리는 법이 없지요. 셰익스피어에게서는 이의를 제기하고, 훈계를 늘어놓고, 부당함을 고발하고, 원한을 앙갚음하고, 온 세상을 자기가 겪은 역경과 고난의 증인으로 삼고자 하는 욕망이 모두 불타올라 사라졌기 때문이에요. 덕분에 그의 시는 아무런 방해도 받지 않고 자유로이 그의 마음 밖으로 흘러나오지요. 자기 안의 작품을 완전하게 표현해낸 인간이 있다면 그건 바로 셰익스피어일 거예요. 아무런 방해도 받지 않고 환하게 타오른 마음이 있다면 그건 바로 셰익스피어의 마음일 거라고, 저는 다시 서가 쪽으로 돌아서며 생각했어요.

4

16세기에 그러한 마음 상태를 유지한 여성을 찾기는 단연코 불가능했을 거예요. 두 손을 모으고 무릎 꿇고 앉은 아이들 모습이 새겨진 엘리자베스 시대의 묘비들과 그 아이들의 때 이른 죽음과 어둡고 비좁은 집의 모습을 떠올려보면, 당시 여성은 시를 쓸 만한 형편이 아니었음을 깨닫게 돼요. 그나마 찾을 수 있는 기록은 어느 정도 시간이 지나고 나서 어느 귀부인이 자유롭고 안락한 형편을 잘 활용해, 괴물로 불리는 위험을 감수하면서까지 자기 이름으로 무언가를 출판했다는 이야기 정도일 거예요. 레베카 웨스트 양의 '악명 높은 페미니즘'처럼 들리지 않게 조심해서 말하자면, 물론 남자들이 속물이라는 말은 아니에요. 그러나 대개 시를 쓰는 백작부인의 노력을 평가하며 연민의 감정을 품는 게 사실이지요. 짐작컨대 작위가 있는 귀부인은 오스틴 양이나 브론테 양처럼 이름 없는 이들보다 훨씬 많은 격려를 받았을 거예요. 그러나 그와 동시에 두려움과 증오 같은 이질적 감정들이 그녀를 불안하게 했을 테고, 그런 불안의 흔적이 그녀의 시에 남았을 거예요. 저는 레이디 윈칠시*의 예를 살펴보기로 하고, 그녀의 시집을 꺼내놓았어요. 그녀는 1661년에 귀족으로 태어나 귀족과 결혼했지만, 자녀는 없었어요. 그녀의 시집을 펼치면 그녀가 여성의 지위에 대해 얼마나 분개했는지 알 수 있답니다.

우리는 얼마나 몰락했는가! 그릇된 규칙 탓에 몰락한,
자연이 아닌 교육이 만든 천치들.
지성의 발달은 모두 가로막히고,
그저 미련하게만 여겨지고 다루어지네.
남보다 뜨거운 공상과 억눌린 야망을 품은 누군가가,
다른 이들 위로 높이 솟아오르려 해도,
반대하는 무리의 힘은 여전히 세기만 하고,
번영을 향한 희망은 결코 두려움을 이기지 못하네.

레이디 윈칠시의 마음은 '모든 방해를 극복하고 환히 타오르지'

---

* Anne Finch, 1661~1720. 영국 최초로 시집을 출간한 여성 시인이다.

못한 게 분명해요. 오히려 증오와 불만에 시달리며 혼란스러워했어요. 그녀는 인류 전체를 크게 두 무리로 나누었어요. 남성은 '반대하는 무리'며, 증오와 두려움의 대상이지요. 그녀가 원하는 일—글을 쓰는 일—을 못하게 방해하는 힘이 있는 존재이기 때문이에요.

아아! 펜을 탐하는 여인은
분수를 모르는 생물로 취급받으며
그 과오는 어떤 미덕으로도 구원받지 못하네.
그들은 우리가 성별과 길을 착각했다고 말하며,
훌륭한 교양과 행실, 춤과 옷, 유희야말로
우리가 마땅히 추구해야 할 업적이라 하네.
글을 쓰거나, 읽거나, 생각하거나, 묻는 일은
우리의 아름다움을 흐리고 우리의 시간을 낭비하며,
인생의 한창때를 즐기지 못하게 방해할 뿐이지만,
지루하고 비루한 집 안 돌보기는
우리의 가장 뛰어난 예술이고 가치라 하네.

실제로 레이디 윈칠시는 자기 작품이 널리 읽히는 일은 절대 없으리라고 예상했기 때문에, 글을 계속 쓰게끔 자기 자신을 격려해야 했어요. 슬픈 노래로 달래기도 하면서요.

많지 않은 벗들에게, 그대의 슬픔을 노래한다.
그대는 결코 월계수 숲에 이르지 못하리.
짙은 그림자를 드리운 그대여, 그대로 만족하기를.

그러나 만약 그녀가 증오와 두려움을 떨쳐내고 비통함과 원한을 마음에 쌓아두지 않았다면, 그녀 안에서는 틀림없이 뜨거운 불길이 타올랐을 거예요. 이따금 순수한 형태의 시가 흘러나오기도 했어요.

빛이 바래가는 비단실로 수놓지 않으리,
닮을 수 없는 장미를 희미하게.

머리 씨*는 레이디 윈칠시의 이런 시어들을 격찬했고, 이는 정당한 평가였어요. 알렉산더 포프는 그녀의 다른 시에서 몇 구절을 기억했다가 자기 작품에 집어넣었다고 해요.

이제 노란 수선화가 가냘픈 이성을 압도하고,
향기로운 고통 아래 우리는 정신을 잃네.

---

* John Middleton Mury, 1889~1957. 당대의 저명한 비평가이자 작가다.

이런 작품을 쓸 수 있는 능력과, 자연과 사색에 걸맞은 정신을 지닌 여성이 분노와 비통함에 얽매일 수밖에 없었다는 사실은 무척 안타까운 일이에요. 그러나 그녀 혼자서 어떻게 그런 상황을 바꿀 수 있었겠어요? 저는 이런 질문을 던지며 멸시와 비웃음, 아첨꾼들의 알랑거림, 직업 시인들의 냉소를 떠올렸어요. 시골에 머물며 자신을 방 안에 가둔 채 작품을 썼을 테고, 더없이 사려 깊은 남편과 완벽한 결혼 생활을 하면서도 그녀의 마음은 비통함과 양심의 가책으로 갈가리 찢겼을 테지요. 제가 '그랬을 터'라고 말하는 건, 레이디 윈칠시에 대해 알려진 사실이 거의 없기 때문이에요. 심각한 우울증에 시달렸다는 사실은 어느 정도 추측 가능한데, 그녀는 우울증에 사로잡혀 떠올린 상상을 이렇게 이야기하지요.

> 내 시는 매도되고, 내가 취미 삼은 일은
> 헛되고 어리석은 짓이나 주제넘은 잘못으로 불리네.

그렇게 비난받은 취미는 들판을 거닐며 몽상을 하는, 전혀 해로울 게 없는 일이었어요.

> 내 손은 낯선 것을 뒤쫓기 좋아하기에,
> 익숙하고 평범한 길을 벗어나노니,
> 빛이 바래가는 비단실로 수놓지 않으리,

닮을 수 없는 장미를 희미하게.

그 일이 그녀의 습관이자 즐거움이었다면, 비웃음을 살 수밖에 없었을 거예요. 실제로 포프와 게이*는 레이디 윈칠시가 "글을 끼적거리고 싶어서 안달이 난 블루스타킹**이라며 비꼬았다고 해요. 레이디 윈칠시 역시 게이를 비웃어서 모욕을 주었다고 하고요. 그녀는 게이의 《트리비아》를 읽고 "그가 의자에 앉기보다는 의자 앞에 서서 걸어 다니는 편이 어울리는 사람"임을 알 수 있다고 말했거든요. 하지만 머리 씨는 이 모든 것이 "믿지 못할 뜬소문"에 불과하며 "시시한 이야기"일 뿐이라고 평했어요. 제 생각은 머리 씨와 달라요. 들판을 헤매고 다니며 낯선 것들을 생각하기 좋아하고, 경솔하고 어리석게도 "지루하고 비루한 집 안 돌보기"를 멸시한 이 우울한 여성의 이미지를 찾거나 만들어내려면, 그런 믿지 못할 뜬소문이라도 되도록 많은 편이 좋으니까요. 그러나 머리 씨는 그녀가 산만해졌다고 말해요. 그녀의 재능은 잡초로 뒤덮이고, 들장미 덩굴에 얽혀 있어요. 그 훌륭하고 특출한 재능을 단 한 번 내보일 기회조차 없었어요. 저는 레이디 윈칠시를 서가로 돌려보내며, 뉴

---

* John Gay, 1685~1732. 영국의 시인이자 극작가다. 1713년에 시 〈전원의 스포츠(Rural Sports)〉를 알렉산더 포프에게 헌정하면서 우정을 쌓기 시작했다.

** 문학을 좋아하는 여성을 경멸적으로 이르는 말이다.

캐슬 공작부인 마거릿*을 떠올렸어요. 찰스 램이 사모한 그녀는 변덕스럽고 무도했으며, 레이디 윈칠시와 동시대 사람이긴 하지만 나이가 더 많았지요. 두 사람은 서로 무척 달랐지만, 귀족이고 아이가 없으며, 최고 남편감과 결혼했다는 점은 같았어요. 둘 다 시를 향한 열정을 불태웠고, 둘 다 같은 이유로 왜곡되고 폄훼되었어요. 공작부인의 책을 펼치면 아까와 똑같은 분노의 폭발이 발견돼요. "여자들은 박쥐나 올빼미처럼 살고, 짐승처럼 일하며, 벌레처럼 죽는다……." 마거릿 역시 시인이 될 수도 있었어요. 요즘 같은 때 시인으로 활동했다면 운명이 바뀌었을지도 모르지요. 그러나 그 당시에 저 거칠고 교육받지 못한 왕성한 지성을 그 무엇으로 붙잡고 길들이며, 인간에게 도움이 되도록 교화할 수 있었겠어요? 그녀의 지성은 운문과 산문, 시와 철학의 급류를 타고 마구 뒤엉켜 쏟아져 나왔고, 결국 아무도 읽지 않는 2절판과 4절판 책 속에서 딱딱하게 굳어버렸지요. 그녀는 손에 현미경을 들었어야 해요. 별을 관찰하고 과학적으로 사고하는 법을 배웠어야 해요. 그녀의 지성은 고독과 자유 속에서 무뎌지고 말았지요. 아무도 그녀를 돌보지 않았어요. 아무도 그녀를 가르치지 않았지요. 교수들도 그녀의 비위를 맞출 뿐이었지요. 궁정 사람들은 그녀를 비웃었어요. 에거턴 브리지스 경**

---

* Margaret Cavendish, 1623~1673. 뉴캐슬 어펀 타인 공작부인을 말한다. 당시 여성으로서는 드물게 실명을 드러내고 작가로 활발히 활동했다.

** Samuel Egerton Brydges, 1762~1837. 영국의 전기 작가, 계보학자, 정치가다.

은 그녀의 거친 행실을 "저택 안에서만 자란 상류계급 여성에게서 흘러나오는" 것이라며 혹평했어요. 그녀는 홀로 웰벡에 틀어박혀 나오지 않았어요.

마거릿 캐번디시를 생각하면 고독하고 혼란스러운 광경이 머릿속에 떠오른답니다! 마치 정원을 뒤덮은 거대한 오이 덩굴이 장미와 카네이션을 모조리 목 졸라 죽이는 것 같은 광경 말이에요. "가장 훌륭하게 자란 여성은 세상 사람들과 가장 잘 어울리는 여성"이라는 글을 쓴 여성이 터무니없는 이야기를 끼적거리고 은둔과 어리석은 행동에 몰두하느라 시간을 허비하다가, 결국은 밖을 나설 때마다 마차를 빙 두르며 모여드는 사람들의 구경거리가 되고 말았으니 그 얼마나 큰 낭비인가요? 미쳐버린 공작부인의 이야기는 영리한 여자아이를 겁줄 때 들먹이는 괴담이 되었답니다. 공작부인의 책을 한쪽으로 치우고 도로시 오즈번의 서한집을 펼치는데, 도로시가 훗날 남편이 되는 템플 경에게 쓴 편지에 공작부인의 새 책을 언급한 적이 있다는 사실이 떠올랐어요. "그 불쌍한 여자는 정말 정신이 조금 나갔나 봐요. 온전한 정신이었다면 감히 책을, 그것도 운문으로 쓰는 어리석은 일은 벌이지 않았겠지요. 저라면 열나흘 밤을 꼬박 지새운 뒤라도 차마 그런 일은 하지 못할 거예요."

제정신을 가진 정숙한 여자라면 책을 써서는 안 되었기 때문에, 감수성이 예민하고 침울한 성격에, 기질부터 공작부인과 정반대인 도로시는 결국 아무것도 쓰지 않았어요. 편지만은 예외였어요. 아픈 아버지가 누운 침대 옆에 앉아서도 편지는 쓸 수 있었을 거예요. 남자들이 이야기를 나누는 동안 그들에게 방해가 되지 않게 조용히 난롯가에 앉아서 편지를 썼을 테지요. 저는 도로시의 서한집을 한 장 한 장 넘기며, 제대로 배우지도 못하고 사람들하고 어울리지도 않았던 이 소녀가 문장을 구성하고 장면을 묘사하는 데 놀라운 재능이 있다는 뜻밖의 사실을 발견했어요. 이어지는 그녀의 이야기를 들어보세요.

"식사를 마치고 앉아서 이야기를 나누다가 B씨가 오셔서 저는 자리를 비켜드렸어요. 더운 낮 동안은 책을 읽거나 바느질을 하고, 6~7시 즈음 집 가까운 목초지로 산책을 나갔더니, 어린 하녀들이 잔뜩 모여서 양 떼와 소 떼를 돌보거나 그늘에 앉아 노래를 부르고 있었어요. 그 곁으로 다가가서 하녀들의 목소리와 미모를 책에서 읽은 고대의 양 치는 여인들과 비교해보니 과연 큰 차이가 있기는 하지만, 그 아이들도 양 치는 여인들만큼이나 순진무구한 모습이었답니다. 어린 하녀들과 이야기를 나누어보니 아이들은 더 바랄 것 없이 세상 누구보다도 행복한 이들이지만, 정작 자기들은 그 사실을 모르고 있었어요. 이야기를 나누는 중에도 한 아이는 주위를 계속 두리번거렸고, 암소가 밭에 들어가는 모습을 발견할 때마다 모두 발꿈치에 날개라도 단 듯이 우르르 달려가는 일이 반복되었지요. 그 아이들처럼 민첩하지 못한 저는 뒤에 홀로 남겨졌는데, 하녀들이 소 떼를 몰고 집으로 돌아가는 모습을 보고서야 돌아갈 시간임을 깨달았어요. 저녁 식사를 마치고 정원으로 나가서는 그 옆을 흐르는 작은 강가에 앉아 당신이 제 곁에 있기를 바라며……."

단언하건대 도로시에겐 분명히 작가의 자질이 있었어요. 그렇지만 "열나흘 밤을 꼬박 지새운 뒤라도 차마 그런 일은 하지 못"했고—훌륭한 글재주가 있는 여성조차 책을 쓰는 일이 어리석은 일이며 정신 나간 사람 취급을 받을 만한 일이라고 믿을 정도니, 당시 여성의 문학 활동에 대한 반대가 어떠했는지 짐작할 수 있지요. 저는 한 권뿐인 도로시 오즈번의 얇은 서한집을 책장 위에 올려놓고, 애프라 벤 부인*의 책을 꺼냈어요.

벤 부인과 함께 우리는 매우 중요한 길모퉁이를 돌아요. 귀 기울이는 이도, 비평하는 이도 없이 오직 자신의 즐거움을 위해 글을 쓴 저 고독한 귀부인들은 2절판 책들로 둘러싸인 그녀들만의 정원에 갇힌 채 내버려두기로 해요. 우리는 이제 도시로 와서 평범한 사람들과 어깨를 부딪치며 거리를 걷고 있어요. 벤 부인은 해학, 활력, 용기 등 평민의 미덕을 고루 갖춘 중류계급 여성인데, 남편의 죽음을 비롯한 여러 불운한 사건을 겪으며 어쩔 수 없이 스스로 온갖 기지를 발휘해서 생계를 꾸려가야 했어요. 그녀는 남성과 동등한 조건으로 일해야 했어요. 굉장히 열심히 일한 덕분에 살아가는 데 충

---

* Aphra Behn, 1640~1689. 영국의 극작가이자 시인, 소설가로, 영국 최초의 여성 전업 작가다.

분할 만큼 돈을 벌었지요. 이러한 사실은 벤 부인이 쓴 그 어느 작품보다, 심지어 〈내가 만든 천 명의 순교자〉나 〈승리의 환상 속에 내려앉은 사랑〉 같은 그녀의 걸작보다 큰 의미가 있답니다. 덕분에 마음의 자유가, 아니 더 정확히 말하면 시간이 지남에 따라 마음이 원하는 대로 작품을 쓸 수 있는 가능성이 생겼기 때문이에요. 애프라 벤이 해낸 일이니 어린 소녀들도 부모님에게 가서, "용돈은 안 주셔도 돼요. 저도 글을 써서 돈을 벌 수 있으니까요"라고 말할 수 있었어요. 물론 오랜 세월 동안 돌아오는 대답은 그래, 애프라 벤처럼 살겠다고! 차라리 죽는 편이 낫겠구나!였고, 부모님 방의 문은 그 어느 때보다 빨리 닫혔지요. 이즈음에서 '남성이 여성의 정절에 부여한 가치와 그런 가치 기준이 여성 교육에 미친 영향'이라는 무척 흥미로운 주제를 논의해볼 필요가 있을 것 같은데, 거턴과 뉴넘의 학생 가운데 누군가가 그 문제를 더 깊게 탐구한다면 흥미로운 책이 될 듯해요. 첫머리를 장식하는 삽화는 레이디 더들리가 스코틀랜드의 황무지에서 다이아몬드를 두르고 난쟁이들 사이에 섞여 앉은 모습이 좋겠네요. 레이디 더들리가 죽었을 때 〈타임스〉는 더들리 경에 대해 이렇게 평했어요. "취향이 고상하고 다재다능하며, 인심이 후하고 자비롭지만, 동시에 변덕스러운 폭군이었다. 그는 스코틀랜드 고원 지대의 외딴 사냥터 오두막집에서조차 아내에게 정장을 갖춰 입기를 고집했고, 온갖 호화로운 보석으로 치장하기를 요구했다. 아내에게 모든 것을 주었지만, 그 어떤 책임도 지우지 않았다." 더들리 경이 뇌졸중으로 쓰러진 뒤 레이디 더들리는 남편을 돌보며 남편의 영지를 통치했고, 오래도록 대단한 수완을 발휘했어요. 더들리 경처럼 변덕스러운 폭군은 19세기에도 여전히 존재했어요.

일단 벤 부인의 이야기로 돌아가보죠. 애프라 벤은 남성의 입맛에 맞는 여성적 특성 몇 가지를 포기하면 글을 써서 돈 버는 일이 가능하다는 사실을 증명했어요. 덕분에 여성의 글쓰기는 차츰 어리석음과 광기의 증거에서 현실적으로 큰 의미가 있는 일로 변모했지요. 남편이 죽을 수도 있고, 큰 불행이 가족을 덮칠 수도 있어요. 18세기에 접어들면서 몇백 명에 이르는 여성이 저급한 소설을 쓰거나 번역했고, 그렇게 마련한 돈으로 용돈을 보태고 가족을 먹여살렸어요. 그녀들의 작품은 교과서에 언급조차 되지 않지만, 지금도 채링크로스가(街)의 헌책방에 가면 나무 상자에 담긴 채 누군가 집어가기를 기다리고 있어요. 18세기 후반에 나타난 여성의 극히 활발한 지적 활동— 셰익스피어에 관한 평론 쓰기, 모임, 대담, 고전 번역 등— 은 여성도 글쓰기로 돈을 벌 수 있다는 분명한 현실이 밑바탕이 되었기 때문에 가능했어요. 돈을 받지 않을 때는 하찮게 여기는 일도 돈을 받는 순간 고귀한 일이 돼요. 그때까지도 "글을 끼적거리고 싶어서 안달이 난 블루스타킹"이라고 비꼬는 사람들은 있었겠지만, 이제는 여성도 자기 지갑에 돈을 넣을 수 있다는 사실만은 아무도 부인하지 못했어요. 18세기가 끝나갈 무렵, 제가 역사책을 다시 쓴다면 십자군전쟁이나 장미전쟁보다 중요하게 다루고 훨씬 더 자세하게 묘사하고 싶은 어떤 변화가 시작되었어요. 중류계급 여성들이 글을 쓰기 시작한 것이지요.《오만과 편견》이라는 작품이 중요하다면,《미들마치》와《빌레트》《폭풍의 언덕》이 정말 중요한 작품이라면, 시골 저택에 갇힌 채 2절판 책과 아첨꾼들 사이에서 쓸쓸히 살아가던 귀족 여성뿐만 아니라 보통 여자들도 글을 쓰기 시작했다는 사실은 제가 꼬박 한 시간 동안 강연을 해도 부족할 만큼 중대한 사건이에요. 이들 선구자가 없었다면 제인 오스틴과 브론테 자매와 조지 엘리엇은 작품을 쓰지 못했을지도 몰라요. 크리스토퍼 말로가 없었다면 셰익스피어도 작품을 쓰지 못했을지 모르고, 초서가 없었다면 말로 역시 없었을지 모르며, 우리의 기억에서 잊힌 옛 시인들이 앞서 길을 닦고 자연 상태인 언어의 야만성을 길들이지 않았다면 초서도 없었을지도 모르는 것과 마찬가지예요. 걸작은 외딴곳에서 홀로 태어나는 것이 아니라 오랜 세월에 걸쳐 사회 전체가 공유한 생각의 결과물이며, 그 하나의 목소리 속에는 집단의 경험이 녹아 있으니까요. 제인 오스틴은 패니 버니의 무덤에 화환을 바쳐야 하고, 조지 엘리엇은 일라이저 카터 — 아침 일찍 일어나 그리스어를 공부하려고 침대 틀에 종을 달아놓은 씩씩한 할머니 — 의 짙은 그림자에 경의를 표해야지요. 여성이라면 누구나 애프라 벤의 무덤에 꽃을 놓아야 하고요. 애프라 벤을 웨스트민스터 성당에 안장하는 문제는 당시 엄청난 논란을 일으켰지만, 여성이 자기 생각을 표현할 권리를 쟁취한 이가 바로 그녀임을 감안

하면 마땅한 예우지요. 그리고 오늘 밤 제가 여러분에게 "스스로 기지를 발휘해서 매년 500파운드씩 버세요"라고 말해도 그리 허황된 소리로 들리지 않는 것도 그녀—비록 어딘가 어두운 구석도 있고 성적으로 문란하기는 했지만—덕분이랍니다.

자, 이제 19세기 초에 이르렀어요. 이제 처음으로 여성 작가의 작품을 위한 서가가 서너 개 생겼어요. 그렇지만 서가 위를 훑어보니, 왜 극히 일부를 제외하고는 전부 소설뿐인지 의아한 생각이 들었어요. 최초의 문학적 충동은 시로 나타나게 마련인데 말이에요. '노래의 수장'*이라고 불리는 시인 또한 여성이었지요. 프랑스와 영국 모두 여성 소설가에 앞서 여성 시인이 등장했고요. 그리고 저 고명한 네 작가의 이름을 보다가 떠오른 생각인데, 조지 엘리엇과 에밀리 브론테에게 공통점이라고 부를 만한 게 있었을까요? 샬럿 브론테는 제인 오스틴을 전혀 이해 못하지 않았나요? 넷 중 누구도 아이를 낳지 않았다는, 어찌 보면 다행스러운 공통점 한 가지 말고는 이렇게 서로 어울리지 않는 네 인물—그렇기 때문에 더욱 이들의 만남과 대화를 꾸며내고 싶은 충동을 느끼지요—을 한곳에 모아놓기도 힘들 거예요. 그러나 이들은 어떤 기이한 힘에 이끌려 모두 소설을 썼어요. 이들 모두 중류계급 출신이라는 사실과 관련이 있을

---

* 고대 그리스의 여성 시인 사포를 말한다. 앨저넌 찰스 스윈번의 시 〈만남과 작별의 인사(Ave atque vale)〉에서 인용한 구절이다.

까요? 나중에 에밀리 데이비스 양이 인상적으로 설명했듯이, 19세기 중류계급 가정에는 거실이 하나뿐이었다는 사실과 관련이 있지 않을까요? 여성이 글을 쓴다면 아마 가족 모두 함께 사용하는 거실에서 써야 했을 거예요. 나이팅게일 양이 격정적인 어조로 토로했듯이—"여자는 단 30분도…… 자기 마음대로 보낼 수 없다."—그녀에게는 끊임없는 방해가 뒤따랐을 테지요. 그래도 산문과 소설을 쓰는 편이 시나 희곡을 쓰기보다는 쉬웠을 거예요. 집중력이 덜 필요한 작업이니까요. 제인 오스틴도 죽을 때까지 그런 식으로 글을 썼어요. 그녀의 조카는 제인 오스틴의 전기에 이런 기록을 남겼어요. "그녀가 어떻게 그 모든 일을 했는지 생각하면 그저 놀라울 따름이다. 그녀가 드나들 수 있는 독립된 서재가 없었으니 가족과 함께 쓰는 거실에서 거의 모든 작품을 썼을 텐데, 그러다 보면 온갖 일상사의 방해를 받을 수밖에 없기 때문이다. 그녀는 하인과 손님처럼 가족이라는 울타리 밖의 사람들이 자신의 직업을 눈치채는 일이 없도록 조심했다."* 그런 때 제인 오스틴은 원고를 숨기거나 잉크 닦는 종이로 가리곤 했어요. 19세기 초 여성에게 허락된 문학 훈련이라고는 인물을 관찰하고 심리를 분석하는 정도였지요. 그녀의 감성은 몇 세기 동안 가족이 함께 쓰는 거실의 영향 아래 습득된 거예요. 사람들의 감정이 그녀에게 각인되었고, 그녀의 눈앞에는 늘 사적인

---

* 제임스 에드워드 오스틴-리의 《제인 오스틴 전기》에서 인용한 단락이다.

인간관계가 펼쳐졌어요. 그래서 중류계급 여성이 글을 쓰면 자연스레 소설을 쓰는 것이지요. 그러나 여기서 언급하는 여성 인사 네 사람 가운데 둘은 본래 소설가가 아니었어요. 에밀리 브론테는 시극(詩劇)이 더 잘 어울리는 작가였고, 조지 엘리엇은 예술적 충동이 시들 무렵 그 큰 포용력으로 역사와 전기 분야에서 활약했으면 더 좋았을 거예요. 그렇지만 그녀들은 소설을 썼고, 더 나아가 좋은 소설을 썼지요. 저는 그런 생각을 하며 서가에서《오만과 편견》을 꺼내 들었어요. 남자들에게 말해도 자랑이나 도발로 받아들이지 않을 만큼《오만과 편견》은 좋은 책이에요. 적어도《오만과 편견》을 쓰는 행위는 남에게 들켜도 부끄러워할 만한 일은 아니었어요. 그런데도 제인 오스틴은 삐걱거리는 돌쩌귀 덕분에 누가 들어오기 전에 원고를 숨길 수 있어서 다행스럽게 생각했어요. 제인 오스틴에게《오만과 편견》을 쓰는 일이 어딘지 모르게 남부끄러운 일이었던 거예요. 제인 오스틴의 머릿속에 손님들이 보지 못하게 원고를 숨겨야 한다는 생각이 없었다면《오만과 편견》은 더 좋은 소설이 되었을까요? 책을 펴고 한두 페이지를 읽어보았지만, 주변 환경이 작품에 해를 끼친 흔적은 티끌만큼도 찾을 수 없었어요. 아마 그런 사실은《오만과 편견》과 관련된 가장 놀라운 기적일 거예요. 1800년 즈음 여성이 쓴 작품인데 증오도, 비통함도, 두려움도, 저항도, 설교도 담겨 있지 않으니까요. 저는《안토니우스와 클레오파트라》를 바라보며, 셰익스피어도 그런 식으로 작품을 썼을 거라고 생각했어요. 사람들이 셰익스피어와 제인 오스틴을 비교하는 건 아마 두 사람 모두 마음속 방해물을 완전히 떨쳐냈기 때문일 거예요. 바로 그런 이유 때문에 우리는 제인 오스틴과 셰익스피어에 대해 알지 못하며, 바로 그런 이유 때문에 제인 오스틴의 작품 속 모든 낱말에는 제인 오스틴이, 셰익스피어의 작품 속 모든 낱말에는 셰익스피어가 배어 있지요. 제인 오스틴이 어떤 식으로든 주변 환경 때문에 고통을 겪었다면, 그건 그녀에게 허락된 삶의 공간이 비좁았기 때문일 거예요. 당시 여성은 혼자서 밖에 돌아다닐 수 없었으니까요. 그녀는 여행한 적도 없고, 승합마차를 타고 런던 시내를 다닌 적도 없으며, 혼자 가게에서 점심을 사 먹은 적도 없어요. 어쩌면 제인 오스틴은 갖지 못한 건 바라지 않는 성격이었는지도 모르겠어요. 그녀의 재능은 주변 환경과 거의 완벽히 맞아떨어졌지요. 저는 과연 샬럿 브론테의 경우도 그러했을지 궁금해하며, 《오만과 편견》을 한쪽에 내려놓고 《제인 에어》를 펼쳤어요.

12장을 펼치자, "누구든 내키는 대로 나를 비난해도 좋다"는 구절이 제 눈길을 사로잡았어요. 사람들은 왜 샬럿 브론테를 비난했을까요? 이어서 페어팩스 부인이 젤리를 만드는 동안 제인 에어가 지붕 위에 올라가서 멀리 보이는 들판을 둘러보는 모습을 묘사한 부분을 읽었어요. 지붕 위에서 제인 에어는 간절히 열망하며 — 바로 이 때문에 사람들은 그녀를 비난했어요 — 말했어요.

그때 나는 시야의 한계 너머까지 볼 수 있었으면, 이야기로 들었을 뿐 단 한 번도 보지 못한 생기 가득하고 번화한 여러 지역과 도시와 세상 이곳저곳을 볼 수 있을 만큼 시력이 좋았으면 하고 간절히 바랐다. 그때 나는 진짜 세상을 더 많이 경험하기를, 나와 비슷한 이들과 더 많이 교류하기를, 내가 닿을 수 있는 곳 너머에 존재하는 다양한 인물들과 어울리기를 갈망했다. 페어팩스 부인의 좋은 점, 아델의 장점도 모두 훌륭하다고 생각하지만, 한편으로는 다른 종류의 미덕도 존재할 거라고 믿었고, 그런 믿음을 두 눈으로 직접 확인하고 싶었다.

누군가 이런 나를 비난할까? 틀림없이 많은 이들이 비난할 테고, 나는 불평이 많다는 평판을 얻겠지. 그래도 어쩌할 수 없다. 어느 하나에 오래 마음을 두지 못하는 건 내 천성이니까. 때로는 흔들리는 마음에 괴로운 적도 있었다.

……평온한 삶에 만족해야 한다는 말은 헛된 소리일 뿐이다. 인간은 활동해야 하며, 활동할 거리가 주어지지 않으면 스스로 만들어내게 마련이다. 몇백만 명이 나보다 고요한 삶을 살아야 할 운명에 처했고, 또 몇백만 명은 자신들의 운명에 맞서 조용한 반란을 일으키고 있다. 수많은 감춰진 삶 속에서 얼마나 많은 반란이 끓어오르는지 아무도 알지 못한다. 다들 여자는 그저 얌전하기만 바라지만, 여자의 감정도 남자들과 조금도 다르지 않으며, 남자 형제와 마찬가지로 능력을 펼칠 기회와 노력을 쏟을 활동 영역이 필요하고,

지나치게 엄격한 제약을 받거나 심각한 침체에 빠지면 여자도 남자들만큼이나 괴로워하는데, 많은 특권을 가진 남자들이 여자는 푸딩을 만들고 양말을 뜨거나, 피아노를 연주하고, 가방에 수를 놓는 일이나 하라고 말하는 건 옹졸한 행동이다. 또 관습상 꼭 필요하다고 여기는 것 이상을 배우거나 시도하려는 여자를 비난하거나 비웃는 건 지각 없는 행동이다.

그렇게 혼자 있을 때면 종종 그레이스 풀의 웃음소리가 들려왔다…….

이 부분은 어색하게 단절되었어요. 그레이스 풀의 갑작스러운 등장은 당혹스러울 지경이지요. 연속성이 흐트러진 탓이에요. 저는 《오만과 편견》 옆에 《제인 에어》를 내려놓으며, 이런 글을 쓰는 사람이라면 제인 오스틴보다 뛰어난 재능이 있는지도 모르겠다고 생각했어요. 그러나 그녀의 작품을 되풀이해서 읽으며 그 안에 존재하는 떨림, 즉 분노에 주목하면 그녀가 자신의 재능을 있는 그대로 드러내지 못할 거라는 사실을 깨달을 겁니다. 그녀의 책들은 비틀리고 변형되고 말 거예요. 차분하게 써야 할 때 분노에 사로잡혀 쓸 거예요. 슬기롭게 써야 할 때 어리석게 쓰고 말 거예요. 작중 인물에 대해 써야 할 때 자기 자신에 대해 쓸 거예요. 그녀는 자신의 운명과 전쟁을 치르고 있어요. 그런 그녀가 어떻게 요절하지 않을 수 있었을 것이며 발작하고 좌절하지 않을 수 있었겠어요?

저는 자연스럽게 공상 속으로 빠져들어, 만약 샬럿 브론테에게 해마다 300파운드쯤 되는 수입이 있었다면 — 그러나 실제로는 어리석게도 고작 1,500파운드를 받고 자기 소설들의 판권을 넘겼어요 — 무슨 일이 벌어졌을지, 생기 가득하고 번화한 여러 지역과 도시와 세상 이곳저곳에 대해 더 많이 알고, 진짜 세상을 더 많이 경험하고, 그녀와 비슷한 이들과 교류하고 다양한 인물들과 어울렸다면 무슨 일이 벌어졌을지 떠올려보았어요. 앞서 인용한 부분은 소설가로서 작가 자신에게 부족한 점뿐만 아니라 당시 여성의 삶에서 부족한 부분들을 정확하게 제시하고 있어요. 혼자 먼 들판 너머를 바라보며 재능을 낭비하지 않는다면, 경험하고 교류하고 여행할 자유가 주어진다면 자신의 재능으로 굉장한 일을 할 수 있다는 사실을 그녀는 누구보다 잘 알았어요. 하지만 그런 자유가 주어지기는커녕 늘 억눌리기만 했어요. 우리는 《빌레트》《에마》《폭풍의 언덕》《미들마치》와 같은 좋은 소설들이, 점잖은 성직자 집안에서 일어날 법한 일이 인생 경험의 전부인 여자들이 그 점잖은 집안 거실에서 쓴 작품이라는 사실을 인정해야 해요. 그녀들은 《폭풍의 언덕》이나 《제인 에어》를 쓸 종이를 조금씩밖에 구입하지 못할 만큼 가난했어요. 이들 가운데 한 명인 조지 엘리엇은 고된 시련 끝에 탈출에 성공했지만, 그녀가 달아난 곳은 고작 세인트 존스 우드에 자리 잡은 외딴 시골 별장이었어요. 그리고 그녀를 인정하지 않는 세상의 그림자 속에 머물렀어요. 그녀는 "초대를 바라지 않는 분은 초대하지 않을 테니 이해해주시기 바란다"라고 썼어요. 가정이 있는 남자와 동거하는 자기 모습을 보고 스미스 부인이나 다른 우연한 방문자의 정절이 훼손되지 않을까 걱정했기 때문일까요? 그녀는 사회적 관습에 굴복하고, '세상이라는 곳에서 단절'되어야 했어요. 바로 그때 유럽 반대편에 사는 어느 청년은 집시든 귀부인이든 가리지 않고 만나서 거리낌 없이 함께 살아보고, 이런저런 전쟁에 참전하는 등 나중에 책을 쓰는 날이 오면 찬란한 빛을 발할 인생의 다채로운 경험들을 아무런 방해도, 검열도 없이 마음껏 맛보고 있었어요. 만약 톨스토이가 '세상이라는 곳에서 단절'된 외딴 '프라이어리'*에서 가정이 있는 부인과 함께 살았다면, 그것을 통해 어떤 도덕적 교훈을 얻었다고 한들 《전쟁과 평화》는 쓰지 못했을 거예요.

그렇지만 소설 쓰기의 문제와 성별이 소설가에게 미치는 영향에 대해서는 조금 더 깊이 들여다볼 수 있었겠지요. 눈을 감고 소설 전체를 통합된 하나의 존재로 생각해보면 수많은 단순화와 왜곡이 끼어들긴 해도, 어느 정도 거울처럼 인생을 닮은 창작물로 보일 거예요. 소설은 마음의 눈으로 볼 수 있는 건축물이에요. 네모난 몸체가 올라가고, 탑이 생기고, 아치를 덮은 회랑과 부속 건물들이 날개처럼 펼쳐지고, 콘스탄티노플의 성소피아 대성당처럼 돔을 씌우고 나

* 조지 엘리엇이 연인 조지 헨리 루이스와 함께 살던 집의 이름으로, 수도원이라는 뜻이다.

면 견실한 형태가 나타나지요. 몇몇 유명한 소설의 예를 곰곰이 되새겨보니, 이러한 형태는 그에 걸맞은 감정을 불러일으키더군요. 그러나 그 감정은 곧 다른 감정들과 뒤섞이는데, 이는 소설이 만드는 '형태'가 돌과 돌이 아닌 인간과 인간의 관계로 이루어졌기 때문이에요. 따라서 소설은 우리 안에서 상반되고 대립하는 감정을 불러일으키게 마련이지요. 삶은 삶이 아닌 무언가와 갈등을 일으켜요. 그러므로 소설에 대해서는 어떤 합의도 이루기 어려우며, 우리는 각자의 편견에 크나큰 영향을 받지요. 한편으로는 그대—주인공 존—가 살아야 한다고 느끼고, 살아나지 못하면 깊은 절망에 빠지고는 해요. 그러나 다른 한편으로는 오, 존, 그대는 죽어야 해요, 라고 생각하는데, 이 역시 책의 형태가 그렇게 유도하기 때문이에요. 삶은 삶이 아닌 무언가와 갈등을 일으키지요. 그리고 그것 역시 일부분이나마 삶이기 때문에, 우리는 그것조차 삶이라고 판단하고 말아요. 제임스는 내가 가장 혐오하는 부류의 남자야, 라고 말하곤 하지요. 혹은 터무니없는 것투성이야, 나는 그런 감정은 한 번도 느껴본 적 없어, 라고 말하기도 해요. 유명한 소설들을 떠올려보면 하나같이 전체 구조가 굉장히 복잡한데, 그건 그 작품들이 그만큼 다양한 판단과 다양한 감정으로 구성되었기 때문이에요. 그렇게 복잡한 요소들로 구성된 책이 한두 해 이상 존속하고, 또 그 책이 영국 독자에게 의미하는 바가 러시아나 중국 독자에게 의미하는 바와 다르지 않다는 사실은 경이로울 따름이에요. 그런데 때로는 그런 요소들이 매우 특출한 결합을 이루는 경우도 있어요. 드물지만 오래도록 살아남는 작품의 예(저는《전쟁과 평화》를 떠올렸지요.)를 보면, 다양한 구성 요소의 결합을 유지하는 건 성실성이에요. 여기서 말하는 성실성은 지불해야 할 돈을 마땅히 지불하거나 위급한 상황에서 명예롭게 행동하는 것과는 무관해요. 소설가의 성실성이란 소설 속 내용이 진실이라고 믿게끔 독자를 설득하는 능력을 뜻해요. 독자는 '맞아, 나라면 이게 그렇게 되리라고는 미처 생각지 못했을 거야. 내가 아는 사람 가운데 그렇게 행동하는 사람은 없으니까'라고 느끼다가도, '그래도 당신이 그렇다고 말했으니 그렇겠지' 하고 설득되지요. 책을 읽을 때 우리는 모든 구절과 장면 하나하나를 빛에 비추어가며 꼼꼼히 들여다보는데, 이상하게 들릴지는 몰라도, 그건 아마 대자연이 우리 안에 소설가의 성실과 불성실을 구분할 수 있는 빛을 넣어두었기 때문일 거예요. 아니, 어쩌면 잠시 이성을 잃은 대자연이 위대한 예술가들만이 확인해줄 수 있는 벽화를, 비범한 재능의 불빛을 비춰야 보이는 스케치를 우리 마음의 벽에 투명한 잉크로 그려놓았기 때문인지도 몰라요. 누군가가 그 마음속 벽화를 밖으로 드러내서 생명력을 부여하면, 다른 누군가는 환희에 사로잡혀 외치지요. 이건 내가 항상 느끼고, 알고, 바라던 바로 그것이잖아! 그렇게 가슴속에 흥분이 벅차오르면, 대단히 고귀한 물건을 다룰 때처럼 경외심을 품은 채 책을 덮고, 살아가면서 언제든 다시 돌아오리라 다짐하며, 책을 서가에 돌려놓지요. 저도《전쟁과 평화》

를 원래 있던 자리에 돌려놓았어요. 그와 반대로 보잘것없는 문장들을 살펴보면, 그런 문장들은 처음에는 밝은 색채와 화려한 몸짓 덕분에 즉각적이고 열렬한 반응을 얻지만, 결국 거기서 그치고 말아요. 무엇인가가 문장의 성장을 가로막는 듯 보여요. 또 문장이 드러내는 바가 한 구석에 끼적거린 낙서나 잉크 얼룩 정도에 불과하며, 무엇 하나도 완전한 모습 그대로 드러나지 못한다면 우리는 실망에 찬 한숨을 내쉬며, 또 실패작이로군, 하고 내뱉지요. 그 소설은 어디선가 실패한 거예요.

물론 대부분의 소설은 어디선가 실패하고 말아요. 엄청난 긴장 때문에 상상력은 위축되고, 통찰력은 혼란에 빠지지요. 결국 진실과 거짓의 구분이 모호해지고, 매 순간 다양한 능력을 발휘하며 막대한 노력을 계속할 기운을 잃고 말아요. 그런데 이 모든 것이 소설가의 성별과 어떤 관련이 있는지, 저는《제인 에어》를 비롯한 여러 작품을 보며 궁금한 생각이 들었어요. 과연 여성이라는 사실이 여성 소설가의 성실성 — 저는 소설가에게 성실성은 척추만큼이나 중요하다고 생각해요 — 을 해칠까요? 앞서 제가《제인 에어》에서 인용한 부분을 보면, 분노가 소설가 샬럿 브론테의 성실성에 간섭한다는 사실이 분명하게 드러나요. 이야기에 모든 것을 쏟아부어야 했건만, 그녀는 개인적 불만을 토로하는 데 그치고 말았어요. 자신이 마땅히 해야 했던 경험을 결국 하지 못했다는 기억을 떠올렸지요. 그녀는 세상 곳곳을 마음껏 떠돌아다니고 싶었지만, 사제관에 머물며 양말을 수선할 수밖에 없었어요. 분노에 사로잡힌 나머지 상상력은 길에서 벗어나고, 그 탈선은 우리에게 고스란히 전해지지요. 그녀의 상상력이 길에서 벗어나도록 물고 늘어진 건 분노뿐만 아니었어요. 예컨대 무지(無知)가 그러했지요. 로체스터*의 초상화는 어둠 속에서 그려졌어요. 우리는 그 안에서 두려움이 미친 영향을 느껴요. 그리고 억압에서 비롯된 신랄함과 격정 아래 숨겨진 괴로움, 훌륭한 작품이 틀림없는 그녀의 책들을 격심한 아픔으로 위축시키는 원한도 느낄 수 있어요.

이렇듯 소설은 실제 삶과 대응하기 때문에, 소설 속 가치 기준은 실제 삶의 가치 기준과 어느 정도 일치해요. 그런데 여성의 가치 기준은 남성이 만들어놓은 가치 기준과 다른 경우가 무척 많아요. 자연스러운 현상이지요. 그렇지만 세상에 통용되는 건 남성의 가치 기준뿐이에요. 노골적으로 말하면 축구와 운동 경기는 '중요'하고, 유행을 따르거나 옷을 구입하는 건 '하찮은' 셈이지요. 그리고 이런 가치 기준은 필연적으로 실제 삶에서 픽션으로 옮겨가요. 평론가는 이 책은 전쟁을 다루니까 중요한 책이야, 라고 생각해요. 이 책은 여자들이 응접실에서 느끼는 감정을 다룬 책이니까 시시한 책이야. 전쟁터에서 벌어지는 장면은 상점 안 장면보다 중요하지요. 이러한 가치 기준의 차이는 훨씬 더 미묘한 형태로 지금까지도 도처에 남

---

* 《제인 에어》의 남자 주인공이다.

아 있어요. 결국 19세기 초 소설의 전체 구조는 작가가 여성일 경우, 일직선에서 약간 벗어난, 또 외부의 권위에 굴복한 나머지 원래의 선명한 통찰을 바꾸고 만 마음이 쌓아 올린 것이지요. 잊혀버린 옛 소설들을 훑어 읽으며 그 말투에 귀를 기울여보면 마치 작가가 비평에 시달릴 것을 예언하는 듯 때로는 공격적으로, 때로는 달래듯 이야기하지요. 그저 '여자일 뿐'이라고 자인하기도 하고, '남자보다 못할 게 없다'고 항의하기도 해요. 그녀는 타고난 성미에 따라 온순하고 수줍게, 때로는 화를 내며 맹렬하게 비평에 반응해요. 어느 쪽인지는 중요한 문제가 아니에요. 어차피 그녀는 다른 무언가를 생각하고 있었으니까요. 그녀의 책이 우리 머리 위로 떨어져요. 그 책의 중심에는 결함이 자리 잡고 있어요. 저는 과수원에 쌓인 흠집 난 사과들처럼, 런던의 헌책방에 어지러이 널린, 여성들이 쓴 그 많은 소설들을 떠올렸어요. 그 소설들이 썩어버린 건 작품 한가운데 자리 잡은 바로 그 결함 때문이에요. 타인의 의견을 좇아서 자신의 가치 기준을 바꿔버린 탓이지요.

그러나 그녀들은 왼편이든 오른편이든 어느 한쪽으로 움직일 수밖에 없었어요. 완전히 가부장적인 사회에서 수많은 비평에 움츠러들지 않고 자기 눈으로 본 그대로 굳게 지켜내려면 엄청난 재능과 성실성이 필요했을 거예요. 제인 오스틴과 에밀리 브론테만이 해낸 일이지요. 어쩌면 그게 그녀들의 가장 큰 업적인지도 모르겠어요. 두 사람은 남성의 글쓰기를 모방하지 않고 여성다운 글을 썼어요. 동시대에 소설을 쓴 수많은 여성 가운데 이 두 사람만이 영원불멸한 현학자(衒學者)의 끊임없는 잔소리— 이렇게 써라, 저렇게 생각하라— 를 철저히 무시했어요. 이 두 사람만이 그 끈질긴 목소리에 귀를 기울이지 않았어요. 불평하고, 선심 쓰는 척하고, 허세를 떨고, 슬퍼하고, 놀라고, 화를 내다가도 자상하게 구는 그 목소리는 여성을 가만히 내버려두는 법이 없었고, 열성이 지나친 가정교사처럼 항상 따라다니면서 품위 있게 행동하라고 에거턴 브리지스 경처럼 엄히 꾸짖었고, 심지어 시 비평에 성(性) 비평을 끌어들이기도 하면서,* 착한 사람이 되어 빛나는 포상을 받고 싶으면 문제의 그 신사 분이 적당하다고 여기는 범위에 머무르라고 훈계했지요. "……여성 소설가들이 탁월한 경지에 오르려면 여성의 한계를 과감히 인정해야 한다."** 이 발언을 보면 사안의 요점이 명확히 드러나요. 이 문장이 1828년 8월이 아닌 1928년 8월에 쓰였다는 놀라운 사실을 말씀드리고 나면, 지금 여러분이 우습게만 여기는 이런 주장이 한 세기 전에는 지금보다 훨씬 더 강력하고 훨씬 더 큰 목소리를 냈으

---

* (그녀는) 형이상학적 목적을 갖고 있는데, 이는 특히 여성에게 위험한 집착이다. 여성은 수사학에 건전한 애정을 품는 경우가 거의 없기 때문이다. 다른 일에는 남성보다 미개하고 유물론적인 태도를 보이는 여성에게 이런 면이 결핍되어 있다는 점은 이상한 사실이다. -《새로운 기준(*New Criterion*)》, 1928년 6월호 (원주)

** 그 보고자와 마찬가지로 여성 소설가들이 탁월한 경지에 오르기 위해서는 여성의 한계를 과감히 인정해야 한다고 생각한다면(제인 오스틴은 이런 행위가 얼마나 우아할 수 있는지 잘 보여주었다……) -《인생과 문학(*Life and Letters*)》, 1928년 8월호 (원주)

며, 지금도 엄청나게 많은 이들의 의견—저는 저 오래된 웅덩이들을 휘저을 생각은 없어요. 다만 저의 발치로 떠밀려온 것들을 집어들 뿐이지요—을 대변한다는 사실에 여러분도 동의하실 거예요. 그 모든 모욕과 힐책, 게다가 포상을 약속하는 말까지 이겨내려면 1828년의 젊은 여성은 무척이나 심지가 굳어야 했을 거예요. 오, 그래 봐야 문학을 매수할 순 없을걸, 하고 말할 수 있으려면 선동가 비슷한 존재가 되어야 했을 테고요. 당신이 대학 행정관일지라도 나를 잔디밭에서 내쫓도록 내버려두지 않겠어. 당신네 도서관에 자물쇠를 채우려거든 마음대로 하시지. 그렇지만 내 마음의 자유에는 대문도, 자물쇠도, 빗장도 절대로 채울 수 없어.

그러나 의욕을 꺾는 말과 비평이 글쓰기에 어떤 영향을 미쳤든—저는 무척 큰 영향을 미친다고 생각하지만—그들이 (여전히 19세기 여성 소설가에 대한 이야기예요.) 자기 생각을 종이에 옮길 때 겪는 어려움, 즉 그들만의 전통이 없거나 너무 적고 불완전해서 거의 도움이 되지 않는다는 사실에 비하면 사소한 문제에 불과했어요. 여성은 어머니를 통해 과거를 돌아보아야 하기 때문이에요. 위대한 남성 작가들을 찾아가봐야 즐거움은 얻을 수 있을지언정 도움은 기대할 수 없어요. 램, 브라운, 새커리, 뉴먼, 스턴, 디킨스, 드퀸시 등은—누가 되었든 간에—여성에게 조금도 도움이 되지 않았어요. 물론 그들에게 몇 가지 기교를 배워서 자기 작품에 적용해볼 수는 있었겠지요. 그러나 남성에게서 값어치 있는 무언가를 얻어내기엔 여성과 남성의 마음은 무게와 속도, 보폭 등이 너무나 달라요. 펜을 종이에 댔을 때 여성이 처음 깨달은 건 아마 그녀가 사용하도록 미리 준비된 공통의 문장이 없다는 사실일 거예요. 새커리와 디킨스와 발자크 같은 위대한 소설가들은 모두 자연스러운 산문체를 구사했는데, 그들의 문장은 간결하면서도 소홀함이 없고, 표현이 풍부하면서도 지나치게 꾸미지 않은, 누구에게나 익숙하지만 자기만의 색깔 또한 분명하지요. 그들은 당시 통용되던 문장을 자기 문체의 기반으로 삼았어요. 19세기 초에 통용되던 문장은 아마 이러했을 거예요. "그들의 작품이 지닌 장엄함은 중도에 그만두지 말라고, 계속 앞으로 나아가라고 그들을 재촉했다. 예술 활동을 하며 끊임없이 진리와 아름다움을 생산해내는 일이야말로 그들에게 최상의 흥분과 만족을 안겼다. 성공은 노력을 자극하고, 습관은 성공을 부른다." 이것이 바로 남성의 문장이에요. 문장 뒤편으로 존슨과 기번 등 여러 남성의 모습이 엿보여요. 여성이 사용하기에 적당하지 않은 문장이지요. 산문에 눈부신 재능이 있는 샬럿 브론테조차 자기 손에 맞지 않는 무기 때문에 비틀거리고 넘어지곤 했어요. 조지 엘리엇은 말로 표현하기도 곤란할 만큼 지독한 실수를 저질렀지요. 제인 오스틴은 남성의 문장을 비웃으며 자기가 사용하기에 적당한, 더할 나위 없이 자연스럽고 균형 잡힌 문장을 고안했고, 평생 그 문장을 버리지 않았어요. 그녀가 샬럿 브론테보다 글쓰기 재능이 다소 떨어지는데도 사람들 입에 훨씬 많이 오르내리는 건 그 때문이에요. 표현의 자유와 풍부함이야말로 예술의 본질이므로, 그러한 전통의 부재 혹은 도구의 결핍과 부족은 틀림없이 여성의 글쓰기에 엄청난 악영향을 끼쳤을 거예요. 더욱이 책 한 권이 완성되려면 문장을 잇달아 늘어놓는 것만으로는 부족하며, 건축물에 비유를 하자면, 문장으로 아치형 지붕과 돔을 쌓아올려야 해요. 그런데 이러한 형태조차 남자들의 필요와 용도에 맞추어 만든 것뿐이에요. 여성이 문장을 쓸 수 있다면 서사시와 시극도 못 쓸 이유는 없지요. 하지만 여성이 처음 작가가 되었을 무렵, 오래된 문학 형식들은 딱딱하게 굳어 있었어요. 여성의 손으로 주무를 수 있을 만큼 어리고 부드러운 형식은 소설뿐이었는데 그게 아마 여성 작가들이 소설을 선택한 또 다른 이유일 거예요. 그렇지만 모든 문학 형식 가운데 가장 유연한 '소설'(새롭다는 뜻의 소설 (novel)이라는 이름이 이제는 어울리지 않는다는 생각에 작은따옴표를 씌웠어요.)이 정말 여성에게 잘 맞는다고 말할 수 있을까요? 자유로이 행동할 수 있다면 물론 그녀는 소설 형식을 두드려서 자기에게 잘 맞는 형태로 고치겠지요. 또 꼭 시가 아니더라도 그녀 안의 시를 표현할 수 있는 새로운 방법을 마련하겠지요. 아직도 여성에게 시는 꽉 막힌 표현 수단이니까요. 지금 이 시대의 여성이라면 5막짜리 시극을 어떻게 쓸지 가만히 생각해보았어요. 운문으로 쓸까요? 차라리 산문으로 쓰지 않을까요?

그러나 이런 것들은 다가올 날의 희뿌연 여명 속에 놓인 어려운 문제들이에요. 저는 이들을 그냥 내버려둘 생각이에요. 이런 문제에 현혹되면 저도 모르게 당면한 과제를 버려두고 발자국 하나 없는 숲속을 헤매다가 야생동물에게 잡아먹히기 십상이니까요. 여러분도 마찬가지겠지만, 저 역시 픽션의 앞날이라는 무척 우울한 주제를 끄집어내고 싶은 생각은 없어요. 그 대신 여성의 물리적 조건과 관련해서 픽션의 앞날에 커다란 역할을 할 문제를 여러분에게 소개해볼까 해요. 책은 어떤 식으로든 사람의 몸에 맞게 변해야 해요. 감히 말하건대 여성의 책은 남성의 책보다 짧고 압축된 내용이어야 하며, 반드시 긴 시간 동안 방해받지 않고 꾸준히 읽지 못하더라도 문제없게끔 구성되어야 해요. 여성에게는 늘 방해거리가 따르니까요. 두뇌를 이루는 신경조직 또한 남녀가 다를 테니, 여성의 두뇌가 최대한 원활하고 활발하게 기능하도록 하려면 과연 어떤 방법이 적당한지—예컨대 몇백 년 전에 수도사들이 고안한, 몇 시간에 걸친 이런 강연이 과연 여성에게 잘 맞는 방법인지—일과 휴식은 어떻게 조정해야 하는지 알아내야 해요. 휴식을 아무것도 하지 않는 게 아니라 다른 어떤 일을 하는 것으로 이해한다면, 그 다른 일은 무엇이 되어야 할까요? 우리는 이 모든 문제를 토론을 통해 밝혀내야 해요. 이 모든 것이 여성과 픽션이라는 물음의 일부니까요. 저는 다시 서가로 다가가며 생각했어요. 여성의 심리를 여성이 심도 있게 연구한 자료는 어디서 찾을 수 있을까요? 만약 축구를 못한다는 이유로 여성의 의료 행위를 금지한다면…….

다행히 제 생각은 이제 다른 주제로 옮겨갔어요.

5

이렇게 이야기를 늘어놓다 보니, 마침내 현존하는 작가의 책이 꽂힌 서가에 이르렀어요. 서가에는 남녀 작가의 책이 함께 꽂혀 있어요. 이제는 여성 작가가 쓴 책도 남성 작가의 책 못지않게 많으니까요. 만약 그게 사실이 아닐지라도, 말을 많이 하는 성이 여전히 남성일지라도, 여성이 이제 소설만 쓰지는 않는다는 사실은 분명해요. 서가에는 고대 그리스 유적에 관한 제인 해리슨의 책과 미학에 관한 버넌 리의 책, 페르시아에 관한 거트루드 벨의 책이 있어요. 한 세대 전만 해도 여성이 범접할 수 없던 온갖 주제를 다룬 책들이 있어요. 시집과 희곡과 비평서, 역사서와 전기와 여행기, 인문학 서적과 학술서 등이 있고, 심지어 철학서와 과학 서적, 경제학 서적도 눈에 띄네요. 여전히 소설이 가장 많기는 하지만, 다른 부류의 책들과 영향을 주고받으면서 소설 자체도 달라졌어요. 이제 여성의 글쓰기는 서사시의 시대를 지나, 자연스러운 소박함을 벗어버렸는지도 모르겠어요. 독서와 비평은 여성에게 더욱 넓은 시야와 세밀한 감각을 주었을 거예요. 자서전을 쓰고 싶은 충동은 사라졌을 테고요. 자기표현의 수단이 아닌 예술로서 글을 쓰기 시작했을 거예요. 이 새로운 소설들 속에서 그런 여러 물음에 대한 답을 찾을 수 있을지도 모르겠어요.

손이 닿는 대로 그 가운데 한 권을 꺼냈어요. 책 선반 끄트머리에 꽂혀 있던《인생의 모험(*Life's Adventure*)》이라는 책인데, 저자는 메리 카마이클이고, 올해 10월, 바로 이달에 출간되었어요. 저자의 첫 작품인 듯한데 막상 읽어보면 꽤 긴 연작의 마지막 권처럼, 그리고 제가 지금껏 훑어본 모든 책— 레이디 윈칠시의 시집과 애프라 벤의 희곡집, 위대한 네 소설가의 소설 등— 에 이어지는 내용처럼 읽혀요. 우리는 한 권 한 권을 따로 평가하는 데 익숙하지만, 사실 책들은 서로 이어져 있답니다. 이제 저는 메리 카마이클— 세상에 알려지지 않은 여성 작가— 을 지금껏 우리가 살펴본 환경 속에서 살아온 모든 여성의 후예로 간주하고, 그녀가 선조들에게서 물려받은 특성과 제약을 알아볼 생각이에요. 종종 소설은 치료제가 아닌 진통제만 처방하며, 타오르는 횃불로 잠을 깨우기보다는 동면하듯 무기력한 상태에 밀어넣기 때문에, 저는 메리 카마이클의 첫 작품《인생의 모험》에서 무언가를 얻어내기에 앞서 한숨을 내쉬며 공책과 연필을 들고 앉았어요.

우선 저는 한 페이지를 위아래로 훑어보았어요. 파란 눈과 갈색 눈, 클로이와 로저 사이에 벌어지는 사건 등으로 머릿속을 채우기 전에 먼저 문체를 파악할 생각이었어요. 책 내용을 파악하는 건 작가의 손에 들린 도구가 펜인지 곡괭이인지 알아낸 다음에도 늦지 않으니까요. 그래서 저는 한두 문장을 소리 내어 읽어보았어요. 곧바로 무언가 어긋나 있다는 확신이 들었어요. 문장과 문장이 매끄럽게 이어지지 못하고 단절되었거든요. 무언가는 찢기고, 무언가는 긁혀 있었으며, 엉뚱한 단어가 이곳저곳에서 번득였어요. 옛 연극의 대사를 빌려 표현하면, 그녀는 자신에게서 '손을 놓고' 있었어요. 마치 불이 붙지 않는 성냥을 켜려고 애를 쓰는 사람 같았지요. 그런데 왜 제인 오스틴의 문장은 당신에게 맞지 않을까요? 저는 그녀를 마주한 듯 물었어요. 에마와 우드하우스 씨가 죽었기 때문에 그 문장들도 모두 긁어내야 하나요? 아아, 그래야 한다면 안타까운 일이군요, 하고 저는 한숨을 내쉬며 말했어요. 노래에서 노래로 이어지는 모차르트의 곡처럼 제인 오스틴의 문장도 선율에서 선율로 이어지건만, 메리 카마이클의 글을 읽는 건 마치 갑판도 없는 작은 배를 타고 바다로 나가는 듯했어요. 어느 한쪽이 올라간다 싶으면, 다른 한쪽이 가라앉았지요. 문장이 이렇게 퉁명스럽고 숨이 가쁠 만큼 짧은 건 어쩌면 그녀가 무언가를 두려워하기 때문인 듯싶었어요. 어쩌면 '감상적'이라는 평가를 두려워하는지도 모르고, 여성의 글은 꽃처럼 화려하다는 통념을 염두에 두고 일부러 가시를 잔뜩 박아놓았는지도 모르지요. 그러나 그녀가 자기를 표현하는지, 아니면 다른 사람이 되려고 하는지는 책 속 한 장면을 꼼꼼히 읽어보기 전에는 알 수 없는 일이었어요. 어쨌든 독자의 기운을 빼놓을 정도로 나쁘지는 않다고 생각하며 저는 더욱 주의를 기울여 책을 읽었어요. 그런데 그녀는 너무 많은 사실들을 쌓아올리고 있었어요. 이 정도 분량의 책(《제인 에어》의 절반 정도)이라면 절반도 제대로 사용하지 못할 만큼 많은 양이었어요. 그렇지만 그녀는 어떻게든 우리 모두—로저, 클로이, 올리비아, 토니, 비검 씨 등—를 강을 거슬러 올라가는 통나무배에 태웠어요. 저는 의자 등받이에 몸을 기대며 잠깐만 기다려요, 라고 말했어요. 더 깊이 들어가기 전에 전체를 더욱 신중하게 생각해보아야 했어요.

저는 메리 카마이클이 우리에게 속임수를 쓰는 게 거의 확실하다고 중얼거렸어요. 유원지의 놀이열차가 밑으로 떨어질 듯하다가 다시 위로 솟구칠 때와 비슷한 느낌이 들었어요. 그녀는 독자가 예상하는 순서를 마음대로 뒤바꾸었어요. 먼저 문장을 부수고, 이제는 순서를 부수고 있어요. 물론 그녀는 이렇게 행동할 권리가 있어요. 파괴 그 자체가 목적이 아니라 창작을 위한 행동이라면 말이에요. 이 둘 가운데 어느 쪽인지는 그녀가 어떤 상황에 맞닥뜨리기 전에는 확실히 알 수 없어요. 그 상황이 어떤 상황일지도 그녀가 마음먹기에 달린 문제이므로, 저는 전혀 간섭할 생각이 없어요. 원한다면 양철통과 낡은 주전자들의 이야기로 그런 상황을 만들 수도 있겠지만, 어쨌든 그녀 스스로 그것이 진정 적절한 상황이라고 믿는다는 사실을 제게 납득시켜야 해요. 상황을 만들고 나면 그 상황에 직면해야지요. 그녀는 뛰어올라야 해요. 그녀가 작가로서 저에 대한 의무를 다한다면, 저 역시 독자로서 그녀에 대한 의무를 다하겠다고 마음먹으며 저는 책장을 넘겨 계속 읽어…… 갑자기 말을 끊어서 죄송해요. 이곳에 남자는 없지요? 저기 저 붉은 커튼 뒤에 차트리스 바이런 경*이 숨어 있지 않다고 맹세하실 수 있어요? 여자들만 모인 게 확실한가요? 그러면 바로 다음 구절을 읽어도 되겠군요. "클로이는 올리비아를 좋아했다……." 놀라지 마세요. 얼굴을 붉히지도 마시고요. 우리가 사는 사회의 사적 영역에서는 때로 이런 일도 일어난다는 사실을 우리는 인정해야 해요. 때로는 여자도 여자를 좋아한답니다.

"클로이는 올리비아를 좋아했다." 이 구절을 읽자마자, 그 안에 얼마나 커다란 변화가 담겨 있는지 퍼뜩 깨달았어요. 클로이가 올리비아를 좋아한 건 아마 문학사를 통틀어서 처음 있는 일일 거예요. 클레오파트라는 옥타비아**를 좋아하지 않았어요. 만약 그랬다면《안토니우스와 클레오파트라》는 완전히 다른 내용이 되었겠지

---

* Chartres Biron. 여성 동성애를 다룬 레드클리프 홀의 소설《고독의 우물》을 외설로 판결하고 폐기 명령을 내린 치안 판사다.

** 안토니우스의 아내를 말한다.

요! 잠깐《인생의 모험》을 접어두고 생각해보면 셰익스피어의 작품은, 감히 말하건대 터무니없을 만큼 모든 것을 인습에 따라 단순화했어요. 클레오파트라가 옥타비아에게 품은 유일한 감정은 일종의 질투뿐이에요. 그 여자가 나보다 키가 클까? 머리 모양은 어떻지?《안토니우스와 클레오파트라》에서는 아마 그 정도면 충분했겠지요. 그러나 두 여인의 관계가 더 복잡했다면 한결 흥미진진했을 거예요. 픽션 속 여성들의 화려한 면면을 얼른 떠올려보니, 여성 간의 관계가 지나치게 단순하다는 생각이 들었어요. 너무 많은 것이 생략되었고 표현해보려는 시도조차 없었어요. 지금껏 제가 읽은 책 가운데 여자 두 명이 친구로 등장하는 책이 있었는지 열심히 떠올려보았어요. 조지 메러디스가 쓴《교차로에 선 다이애나(*Diana of the Crossways*)》에서 그런 시도가 있었어요. 라신의 희곡과 그리스 고전 비극에도 절친한 여자 친구들이 등장하고요. 때로는 어머니와 딸의 관계가 그렇지요. 그러나 그들의 모습은 거의 예외 없이 남성과 여성의 관계를 통해 비추어져요. 이상하게도 제인 오스틴의 시대 전에는 픽션 속 위대한 여성들의 모습이 오직 남성의 눈으로 관찰될 뿐만 아니라, 남성과의 관계를 통해서만 비추어졌어요. 그런 모습은 여성의 삶에서 극히 작은 부분일뿐더러, 성적 차이가 초래한 검은빛 또는 장밋빛 안경을 통해 여성을 관찰하는 남성이 여성의 삶에 대해 아는 건 극히 적을 텐데 말이에요. 그 결과 픽션 속 여성은 성격이 특이하고, 깜짝 놀랄 만큼 아름답거나 혐오스러운 존재며,

천사의 선함과 악마의 타락 사이를 오가지요. 사랑에 빠진 남자는 사랑이 날아오르느냐 추락하느냐, 사랑이 순조로우냐 불행하냐에 따라 여성을 다르게 바라보기 때문이에요. 물론 이는 19세기 소설가들에게는 해당하지 않는 말이에요. 19세기 작품 속 여성은 훨씬 다채롭고 복잡하니까요. 실제로 남자들은 여성에 대한 글을 쓰고자 하는 욕망으로, 폭력적인 탓에 여성 인물을 활용하기 어려운 시극을 멀리하고 여성에게 잘 맞는 새로운 그릇으로 소설을 고안했는지도 모르겠어요. 그렇지만 여성에 대한 남성의 지식이 남성에 대한 여성의 지식과 마찬가지로 끔찍하리만큼 제한적이고 불완전하다는 점은 마르셀 프루스트의 글에도 잘 드러납니다.

그리고 다시 고개를 숙이고 계속 책을 읽다 보니, 여자들도 남자와 다를 바 없이 아무리 해도 끝나지 않는 집안일 말고도 다양한 일에 관심이 있다는 사실이 점점 더 분명해졌어요. "클로이는 올리비아를 좋아했다. 두 사람은 실험실에서 함께 일했다……." 계속 읽어보니 두 사람은 악성 빈혈 치료제인 간(肝)을 다지는 일을 하며, 한 명은 결혼을 해서 — 아마 그럴 거예요 — 아이가 둘이었지요. 과거에는 이런 세부적 내용은 모조리 들어내는 게 당연했기 때문에, 픽션 속 여성의 화려한 면면은 지나치게 단순하고 단조로워졌어요. 예컨대 문학작품 속 남자들이 그저 여자의 연인으로 등장할 뿐, 다른 남자의 친구도, 군인도, 사상가도, 몽상가도 아니라면 셰익스피어의 희곡에서 남성에게 할당되는 역할은 얼마나 적겠으며, 문학은 그 얼마나 큰 손상을 입겠어요! 아마 오셀로 같은 인물은 지금과 거의 다르지 않을 테고, 안토니우스도 크게 다르지 않겠지만, 카이사르와 브루투스, 햄릿, 리어왕, 자크 등은 존재하지 않을 테니 문학은 믿을 수 없을 만큼 빈곤해졌겠지요. 마찬가지로 여성에게 문을 열지 않은 탓에 문학은 분명 빈곤해졌을 테지만, 그게 어느 정도인지 알아낼 방법은 없어요. 원치 않는 결혼을 하고, 방 안에 갇혀 지내며, 평생 한 가지 직업만 허락된 이들의 이야기를 어느 극작가가 풍부하고 흥미롭고 진실된 이야기로 꾸밀 수 있었겠어요? 여성을 해석할 수 있는 방법은 사랑뿐이었어요. 시인은 열정적이거나 가혹할 수밖에 없었어요. 만약 시인이 '여성을 증오'하기로 마음먹었다면 그건 아마 그 자신이 여자들에게 매력적인 사람이 아니기 때문이었을 거예요.

만약 클로이가 올리비아를 좋아하고 이들의 우정이 실험실을 함께 사용한다는 공적 측면 덕분에 더욱 다채롭고 오래 지속된다면, 또 메리 카마이클이 글을 쓰는 요령을 알아서 제가 그녀의 문체를 점점 즐기게 된다면, 또 아직 알 수는 없지만 그녀에게 자기만의 방이 있다면, 또 매년 500파운드를 벌어들인다면 — 그건 앞으로 알아봐야겠지만요 — 저는 이 작품을 대단히 중요한 사건으로 여길 거예요.

클로이가 올리비아를 좋아하고 메리 카마이클이 그런 감정을 표현하는 방법을 안다면, 그녀는 아무도 들어온 적 없는 거대한 방에 처음으로 횃불을 밝히는 셈이에요. 그곳은 어슴푸레한 빛과 깊은 그림자들뿐이며, 촛불을 손에 들고 위아래를 조심스레 살피며 어디에 발을 딛는지도 모른 채 걸어 들어가야 하는, 뱀처럼 구불구불한 동굴 같은 곳이에요. 저는 다시 책을 읽기 시작했고, 올리비아가 선반에 병을 올려놓으며 이제 아이들이 있는 집으로 돌아갈 시간이라고 말하는 모습을 클로이가 지켜보는 장면을 읽었어요. 저는 이런 장면은 태초 이래 단 한 번도 본 적 없는 장면이라고 탄성을 내뱉었어요. 그리고 무척 궁금한 심정으로 그들의 모습을 지켜보았어요. 남성의 변덕스럽고 편향된 등불 없이 여성이 홀로 있을 때 천장에 붙은 나방의 그림자처럼 흐릿하게 생겨나는, 아무도 말한 적 없는, 아니 그 절반도 입에 올린 적 없는 이야기들, 그 기록되지 않은 몸짓들을 포착하기 위해 메리 카마이클이 어떤 작업을 했는지 보고 싶었어요. 그런 일을 해내려면 숨을 죽여야 했을 거라고, 책을 계속 읽어 내려가며 생각했어요. 여자들은 의도가 불분명한 관심에 무척 민감하고, 자신을 숨기고 감추는 데 무척 익숙하기 때문에 자기들 쪽으로 움직이는 눈동자의 희미한 번득임에도 달아나고 마니까요. 저는 제 앞에 메리 카마이클이 있는 듯이 말을 걸었어요. 그 일을 해내려면 아무 상관없는 다른 이야기를 하면서 짐짓 창밖을 지그시 바라보고, 올리비아 — 이 생명체는 지난 몇백만 년을 바위 그림자 밑에서 살아왔지요 — 가 자신의 몸을 비추는 빛을 느끼고 자신에게 다가오는 낯선 음식 — 지식, 모험, 예술 등 — 을 보았을 때 어떤 일이 일어났는지를 평범하게 노트에 연필로 쓰는 대신 가장 빠른 속기법으로 음절을 나눌 새도 없이 얼른 받아 적어야 해요. 저는 다시 책에서 눈을 떼며, 올리비아가 새로운 음식에 손을 뻗는 모습을 떠올렸어요. 그녀는 다른 목적을 위해 고도로 발달한 자신의 내적 자산을 완전히 새롭게 조합해서, 대단히 복잡하고 정교한 전체의 균형을 깨뜨리지 않고, 새로운 것을 오래된 것 속으로 흡수해야 했어요.

그렇지만 아, 저는 하지 않겠다고 마음먹은 일을 해버렸어요. 저도 모르게 자신의 성(性), 즉 여성을 칭찬하고 만 것이지요. '고도로 발달한' '대단히 복잡한' 등은 엄연히 칭찬하는 말이고, 자기 자신의 성을 칭찬하는 건 늘 수상쩍으며 종종 한심하기도 한 행동인데, 더욱이 지금 같은 경우는 도대체 무슨 변명을 할 수 있겠어요? 우리는 지도를 보며 콜럼버스가 아메리카 대륙을 발견했으며, 콜럼버스는 여자였다고 말할 수는 없어요. 또 사과 한 개를 들고 뉴턴이 중력의 법칙을 발견했으며, 뉴턴은 여자였다고 말할 수도 없고요. 또 하늘을 바라보며 비행기가 머리 위로 날아다니는데, 비행기를 발명한 건 여자라고 말할 수도 없지요. 여성의 정확한 키를 잴 수 있는 눈금이 아예 없는 셈이에요. 좋은 어머니의 자질이나 딸의 헌신, 자매의 정절, 주부의 능력 등을 인치 이하 단위로 깔끔하게 잴 수 있는 자는 존재하지 않아요. 지금도 여전히 대학에서 성적표를 받아본 여성은 거의 없으며, 육군과 해군, 무역, 정치, 외교 등 거센 도전이 따르는 직업들은 여성을 제대로 평가하지도 않지요. 지금 이 순간도 여성

지원자들은 미분류 상태로 남아 있을 거예요. 그렇지만 예컨대 홀리 버츠 경에 대한 정보를 찾으려는 경우,《버크 귀족연감》이나《더브렛 귀족연감》을 펼치면 그가 어떤 작위를 받았고, 어느 저택의 주인이며, 후계자는 누구며, 어느 내각 부처의 장관을 역임했으며, 주캐나다 대사였으며, 그의 공적을 지워지지 않게 각인하는 작위와 관직, 훈장 등이 몇 개나 주어졌는지 바로 알 수 있답니다. 홀리 버츠 경에 대해 그보다 더 많이 아는 건 아마 신밖에 없을 거예요.

그러므로 제가 아무리 여성에 대해 '고도로 발달'했고 '대단히 복잡'하다고 말하더라도《휘터커 연감》이나《더브렛 귀족연감》, 대학 편람 등을 찾아서 제 주장을 확인할 방법은 없어요. 이렇게 곤란한 지경인데 제가 무얼 할 수 있겠어요? 다시 서가를 바라보았어요. 서가에는 존슨과 괴테, 칼라일, 스턴, 쿠퍼, 셸리, 볼테르, 브라우닝 등 여러 인물의 전기가 꽂혀 있었어요. 그리고 저는 이런저런 이유들로 어떤 여성을 흠모하고, 구애하고, 함께 살며, 비밀을 털어놓고, 사랑을 나누고, 그녀에 관한 글을 쓰고, 그녀를 신뢰하며, 필요와 의존이라는 말로 설명할 수밖에 없는 감정을 느낀 모든 위대한 남성에 대해 생각하기 시작했어요. 이 모든 관계가 무조건 플라토닉했다고 주장할 생각은 없어요. 아마 윌리엄 조인슨 힉스 경*조차 그런 주장

* William Joynson-Hicks. 당시 영국의 내무장관이다. 권위주의적이고 금욕적인 정책을 펼쳤지만, 여성 참정권에 대해서는 호의적이었다.

은 부인하실 거예요. 그러나 이 저명한 남성들이 여성과의 관계에서 위안과 듣기 좋은 말과 육체적 쾌락만을 얻었다고 주장한다면, 그들을 대단히 부당하게 깎아내리는 셈이에요. 그들이 여성에게서 얻은 건 남성 스스로 충족시킬 수 없는 어떤 것이었을 거예요. 더 나아가 굳이 남성 시인들이 쓴 확신에 찬 광시곡풍의 작품을 인용할 것도 없이, 그것을 오직 여성만이 줄 수 있는 자극으로, 창조력의 재충전으로 정의하더라도 성급한 판단은 아닐 거예요. 응접실이나 아이방의 문을 열면 자녀들과 함께 있거나 자수를 무릎 위에 올려놓은 여성 — 남성과는 다른 삶의 방식과 질서의 중심이자, 법정과 하원의회 등으로 대표되는 남성의 세계와는 동떨어진 세계 — 을 발견할 테고, 그 모습을 보는 순간 기분은 상쾌해지고 활력이 솟아나지요. 그리고 아주 짧은 대화만으로도 둘의 자연적 견해차가 선명히 드러날 테고, 덕분에 남성의 말라버린 생각은 다시 풍성해질 거예요. 남성과는 다른 매개체를 통해 창조력을 발휘하는 여성의 모습을 보면 남성의 창조력도 자극을 받으며, 아무것도 낳지 못하던 무감각한 마음도 다시 새로운 무언가를 꾸미기 시작할 테고, 그녀를 만나러 가려고 모자를 쓸 때면 이제껏 자신에게 없던 구절이나 장면을 발견하게 될 거예요. 모든 남성에게는 새뮤얼 존슨의 스레일 부인 같은 여성이 있으며, 앞서 언급한 이유들 때문에 그 여성에게 애착을 품지요. 존슨은 스레일 부인이 이탈리아인 음악 선생과 결혼하자 반쯤 정신이 나갈 정도로 분노와 혐오에 사로잡혔는데 그건 단순히 스트리덤에서 보낸 유쾌한 저녁 시간을 다시는 즐길 수 없기 때문이 아니라, 그의 삶을 비추던 빛이 '꺼져버릴' 것 같았기 때문이에요.

존슨 박사나 괴테나 칼라일이나 볼테르가 아니더라도, 여성의 복잡한 특성과 고도로 발달한 창조적 재능의 힘은 누구나 느낄 수 있어요. 비록 이 위대한 남성들이 느낀 바와는 많이 다르겠지만요. 누군가 방에 들어가는군요. 그러나 여성이 방에 들어간다면, 그 안에서 무슨 일이 벌어졌는지 이야기하려면, 영어라는 언어가 보유한 자원은 훨씬 늘어나야 하고, 낱말의 무리는 편법적으로 날개를 달고 날아서 새로운 모습으로 탈바꿈해야 해요. 방은 저마다 완전히 달라요. 고요하기도 하고 천둥 치듯 요란하기도 하지요. 바다로 통할 수도 있고, 정반대로 교도소 마당으로 이어지기도 해요. 빨래가 널려 있기도 하고 오팔과 비단이 가득하기도 하지요. 말갈기처럼 거칠기도 하고 깃털처럼 부드럽기도 해요. 그렇지만 어느 거리에 있는 어느 방에 들어가더라도, 여성성이 발휘하는 지극히 복잡한 힘의 실체를 두 눈으로 확인할 수 있어요. 어떻게 그렇지 않을 수 있겠어요? 여성들은 지난 몇백만 년을 실내에 앉아 보냈고, 벽마다 속속들이 밴 그녀들의 창조력은 벽돌과 회반죽이 담을 수 있는 한도를 넘쳐흘렀어요. 이젠 펜과 붓, 사업과 정치 활동 등 새로운 그릇이 필요해요. 그러나 이들의 창조력은 남성의 창조력과 많이 달라요. 이런 능력이 방해받고 낭비된다면 너무나 안타까운 일이에요. 몇 세기에 걸쳐 가혹한 단련을 통해 습득한, 그 무엇으로도 대신할 수 없는 능력이니까요. 여성이 남성처럼 글을 쓰고, 남성처럼 살아가고, 겉모습 또한 남성처럼 보인다면 너무나 안타까운 일일 거예요. 세상이 얼마나 거대하고 다채로운지 생각하면 두 가지 성별로도 충분치 않은데, 하나의 성만 존재한다면 어떻게 세상이 유지되겠어요? 교육은 남녀의 유사한 점보다는 다른 점을 드러내고 강화해야 하지 않을까요? 자연 그대로라면 남녀는 너무나 비슷한 게 사실이니까요. 어느 탐험가가 서로 다른 나뭇가지 사이로 서로 다른 하늘을 바라보는 다른 성별의 존재를 알려온다면, 그야말로 인류를 위한 최고의 공헌일 거예요. 그러면 또다시 스스로 '우월'하다는 사실을 증명하기 위해 측정할 자를 찾아서 뛰어다니는 X 교수의 모습을 지켜보는 크나큰 즐거움을 덤으로 얻겠지요.

저는 여전히 책 위로 고개를 숙인 채, 메리 카마이클은 앞으로 그저 관찰자 관점에서 작품을 만들어갈 것 같다고 생각했어요. 안타깝게도 그녀는 관조적이기보다는, 제가 덜 흥미롭게 생각하는 자연주의 소설가가 되는 데 더 매력을 느낄 것 같아요. 그녀에게는 관찰해야 할 새로운 일들이 무척 많으니까요. 더는 자신을 번듯한 중·상류 계급의 집 안에 가두지 않아도 되니까요. 남성의 친절이나 생색 어린 호의가 아니더라도 동료로서 당당하게, 누군가의 정부(情婦)와 매춘부, 퍼그종 애완견을 데리고 다니는 어느 부인이 앉아 있는 작고 향내 나는 방에 들어갈 수 있을 거예요. 그곳에 앉은 세 여성은 남성 작가가 대충 걸쳐놓은 조잡한 기성복을 입고 있어요. 하지만 메리 카마이클은 자신의 가위를 꺼내 몸의 우묵한 곳과 각진 곳에 맞추어 옷을 재단할 거예요. 이 여성들의 본모습이 궁금하긴 하지만, 조금 더 기다려야 해요. 메리 카마이클은 아직도 우리의 성적 야만이 남긴 '죄'라는 유산 탓에 자의식에 짓눌려 있을 테니까요. 그녀는 여전히 계급이라는 낡고 겉만 번지르르한 족쇄에 얽매여 있을 거예요.

그렇지만 대다수 여성은 매춘부나 정부가 아닐뿐더러, 여름날 오후 내내 먼지 낀 벨벳 옷을 입은 채 퍼그종 애완견을 꼭 껴안고 앉아 있지도 않아요. 그렇다면 여성은 무엇을 할까요? 끝없이 긴 강변을 따라 수많은 사람들이 살아가는 어느 강의 남쪽 어딘가에 길게 뻗은 어느 거리의 모습이 제 마음속 눈에 비쳤어요. 저는 그 상상의 눈을 통해 나이가 무척 많은 부인이 딸로 보이는 중년 여인의 팔을 붙들고 거리를 건너는 모습을 보았는데, 부츠를 신고 모피를 두른 두 사람의 훌륭한 옷차림은 분명 그날 오후만의 어떤 의식(儀式)처럼 보였어요. 해마다 여름이면 방충제와 함께 벽장 속에 넣어 보관하던 옷들이겠지요. 두 사람은 매년 그렇듯 등불이 켜질 무렵 (그녀들은 해 질 녘을 가장 좋아하니까요.) 길을 건너요. 노부인의 나이는 여든에 가깝지만, 누군가 그녀에게 인생은 어떤 의미였냐고 물어보면 발라클라바 전투 때문에 거리에 불을 밝힌 일이나 에드워드 7세의 탄생을 축하하기 위해 하이드파크에서 쏜 축포 소리를 들은 일 등을 이야기하겠지요. 정확한 날짜와 계절이 궁금한 누군가가 다시 1868년 4월 5일에는 무얼 하고 계셨나요, 1875년 11월 2일에는요,

하고 묻는다면 노부인은 멍한 표정으로 아무것도 기억나지 않는다고 말할 테지요. 식사를 준비하고, 접시와 컵을 닦고, 아이들을 학교에, 그리고 세상에 내보내야 했으니까요. 그 가운데 어느 것 하나 남아 있지 않아요. 모두 사라졌어요. 전기와 역사서는 그런 일에 대해서는 한마디도 언급하지 않으니까요. 그리고 소설은 본의는 아니지만, 필연적으로 거짓말을 할 수밖에 없지요.

저는 메리 카마이클이 제 앞에 있는 듯, 한없이 흐릿한 이 모든 삶을 기록해야 한다고 말했어요. 그리고 계속해서 런던의 거리들을 떠올렸어요. 반지를 낀 피둥피둥한 양손을 허리에 대고 셰익스피어의 희곡 대사를 읊듯이 요란스러운 몸짓으로 이야기하며 길모퉁이에 서 있는 여자들, 늘 문간 아래 머무는 조글조글한 노파들, 제비꽃과 성냥을 파는 여자들, 남녀가 다가오거나 상점 유리창에 불빛이 반짝거릴 때마다 햇살과 구름 아래 파도 같은 표정을 짓는 떠돌이 소녀들, 제 상상 속에 존재하는 이들에게서 저는 짓누르는 침묵의 무게를, 겹겹이 쌓인 기록되지 않은 삶을 느꼈어요. 저는 횃불을 손에 움켜쥐고 이들을 탐사해야 한다고 메리 카마이클에게 말했어요. 특히 당신 영혼의 깊은 곳과 얕은 곳, 그 안의 허영심과 관대함을 모두 비춰야 하며, 당신의 아름다움과 추함이 당신에게 어떤 의미인지, 약제사의 약병에서 흘러나온 희미한 향기가 포목점 상가의 인조 대리석 바닥 위를 맴도는 가운데 위아래로 흔들리는 장갑과 신발과 이런저런 물건들로 구성된 끝없이 변하고 뒤바뀌는 세계가 당신과 어떤 관계인지 밝혀야 한다고 말했어요. 상상 속 가게 안으로 들어가니 바닥은 흑백 무늬로 포장되었고, 색색 가지 리본이 놀랄 만큼 아름답게 걸려 있었어요. 메리 카마이클도 지나다니는 길에 그 모습을 분명히 보았을 거예요. 안데스 산맥의 눈 덮인 봉우리나 바위 협곡만큼이나 글로 옮기기 좋은 광경이니까요. 계산대 뒤에는 한 소녀가 있었는데— 저라면 150번째 나폴레옹 전기나 지금 Z 교수나 그와 비슷한 부류의 사람들이 작성 중인 키츠와 그의 밀턴식 도치법 사용에 관한 70번째 연구서를 읽느니, 그 소녀가 살아온 진솔한 이야기를 듣겠어요. 그런 다음 발끝으로 살금살금 걷듯 아주 조심스럽게(저는 겁이 무척 많은 편이라서 언젠가 한번 제 어깨를 때릴 뻔한 채찍이 굉장히 두려웠거든요.), 메리 카마이클은 죄책감 없이 남성의 허영심— 덜 거슬리는 표현을 고르자면, 독특한 버릇— 을 조롱하는 방법도 배워야 한다고 중얼거렸어요. 누구나 뒤통수에는 자기 눈으로 볼 수 없는 1실링짜리 동전만 한 반점이 있게 마련이니까요. 뒤통수에 자리 잡은 동전 크기만 한 그 반점이 어떻게 생겼는지 서로 설명해준다면 여성은 남성에게, 남성은 여성에게 커다란 호의를 베푸는 셈이에요. 유베날리스*의 논평과 스트린드베리**의 비판

* Decimus Junius Juvenalis. 1세기경 로마의 시인이다. 〈풍자시〉에서 로마 여성의 어리석음과 타락을 신랄하게 풍자했다.

** Johan August Strindberg, 1849~1812. 스웨덴의 극작가, 소설가로 여성 참정권을 반대했다.

이 여성에게 얼마나 큰 도움이 되었는지 생각해보세요. 머나먼 옛날부터 남자들이 얼마나 자애롭고 훌륭하게 여성의 뒤통수에 있는 그 어두운 영역을 지적해왔는지 생각해보세요! 만약 메리가 매우 용감하고 올곧은 성품이라면 아마 남성의 뒤로 돌아가 거기서 무엇을 찾았는지 우리에게 들려줄 거예요. 여성이 동전 크기의 그곳을 설명해주기 전에는 남성의 초상화를 있는 그대로 온전히 그려낼 수 없답니다. 제인 오스틴의《에마》에 등장하는 우드하우스 씨와 조지 엘리엇의《미들마치》에 등장하는 캐서본 씨가 바로 그만한 크기와 성질의 반점을 상징하는 인물이에요. 제정신이 있는 사람이라면 계획적으로 경멸과 조롱만 계속하라고 그녀에게 조언하지는 않겠지요. 그런 마음가짐으로 쓴 글은 문학에는 아무짝에도 쓸모없어요. 진실을 따르면 결과물은 놀라우리만큼 흥미롭게 마련이지요. 희극은 풍성해질 거예요. 그리고 새로운 사실들을 발견하게 될 거예요.

여하튼 이제 다시 책으로 눈길을 돌려야 할 때가 되었어요. 메리 카마이클이 앞으로 무엇을 쓸 것이며, 무엇을 써야 하는지 생각하는 것보다는 실제로 메리 카마이클이 쓴 글을 읽는 편이 나을 듯싶었어요. 그래서 다시 읽기 시작했지요. 그리고 그녀에게 불만이 있었단 사실이 떠올랐어요. 그녀가 제인 오스틴의 문장을 따르지 않은 탓에, 저의 흠잡을 데 없는 취향과 까다로운 귀를 자랑할 기회가 없어진 점이지요. 두 사람이 비슷한 점이 없다는 사실을 인정해버리면, 이제는 "그래, 좋아요. 이 부분은 무척 좋아요. 하지만 제인 오스틴이 쓴 글보다는 훨씬 못하군요" 하고 말해봐야 아무 소용없거든요. 그리고 그녀는 한 발 더 나아가 이야기의 진행 방식 — 독자가 기대하는 사건의 순서 — 마저 부수었어요. 아마도 의식적으로 한 일이라기보다는 여성다운 글쓰기를 하며 사물에 자연스러운 순서를 부여했을 뿐이겠지요. 그러나 그 결과는 다소 당혹스러웠어요. 점점 높아가는 파도나 다음 모퉁이를 돌아오는 위기를 예상할 수 없었거든요. 결국 저는 제 감정의 깊이와 인간의 마음에 대한 깊은 이해를 자랑하지 못했어요. 익숙한 장소에서 익숙한 감정을, 사랑에 대한, 죽음에 대한 감정을 느끼려 할 때마다 메리 카마이클은 조금 더 나아가면 중요한 부분이 나온다는 듯이 저를 성가시게 잡아끌었어요. 그 때문에 저는, 우리가 겉으로는 교활해 보일지 몰라도 내면은 무척 진지하고 심오하며 인도적이라는 믿음을 뒷받침할 '기본적인 감정' '인류의 공통사' '인간 마음의 깊이'와 같은 격조 높은 표현들을 목청껏 낭송하지 못했지요. 오히려 그와 반대로, 그녀는 우리가 진지하고 심오하고 인도적이기보다는 게으르고 인습에 얽매일 뿐이라고 느끼게 만들었어요.

그러나 계속 읽다 보니 또 다른 사실이 눈에 띄었어요. 그녀에게 '천부적 재능' 같은 건 없었고 — 그 사실은 명백했어요. 그녀의 위대한 선조들인 레이디 윈칠시, 샬럿 브론테와 에밀리 브론테, 제인 오스틴, 조지 엘리엇의 차분한 지혜와 빛나는 재치, 열정적인 시심(詩心), 타오르는 상상력 등 조물주의 사랑을 받는 재능 같은 건 전혀 없었어요. 도로시 오즈번처럼 선율이 흐르고 품위가 서린 글은 쓰지 못했지요. 그녀는 그저 똑똑한 소녀에 불과했고, 그녀의 책도 10년쯤 지나면 출판업자들이 다시 펄프로 만들어서 재활용할 게 분명했어요. 그렇지만 그녀에게는 훨씬 재능이 많은 여성들이 불과 반세기 전에도 누리지 못하던 이점이 있었어요. 그녀에게 남성은 더는 '반대하는 무리'가 아니기 때문에 남자들을 욕하느라 시간을 허비할 필요가 없고, 지붕에 기어 올라가 평정심을 깨뜨리면서까지 자기에게 금지된 역할과 세상에 대한 지식, 여행과 경험 등을 애타게 바랄 필요도 없어요. 두려움과 증오는 거의 다 사라졌어요. 자유의 기쁨에 대한 조금 과장된 표현들과 남성을 낭만적이기보다 신랄하고 풍자적으로 묘사하는 경향에서 그 흔적이 엿보일 뿐이었어요. 그리고 그녀는 소설가로서 대단한 자연적 이점을 누렸을 거예요. 그녀의 감수성은 무척 폭넓고 왕성하고 자유로웠으며, 거의 느낄 수 없는 자극에도 반응했어요. 야외에 새로 심은 식물처럼 들리고 보이는 모든 것을 마음껏 즐겼어요. 거의 알려지지 않고 기록되지 않은 것들 사이를 무척 신기한 듯이 세밀하게 헤집고 다니며 작은 것들에 빛을 비추었고, 어쩌면 실제로는 그것들이 그리 작지만은 않을지도 모른다는 사실을 밝혀냈어요. 묻힌 것들을 햇빛 속으로 끄집어내자, 사람들은 그런 것이 왜 묻혀 있었는지 의아하게 생각했지요. 서툰 면이 있는 게 사실이고, 새커리나 램 같은 작가들이 조금만 펜을 놀려도 충분히 매력적인 작품을 쓸 수 있게끔 뒷받침하던 남성 문학의 오랜 혈통을 타고나지도 못했지만, 그녀는 중요한 첫 번째 교훈을 습득한 듯했어요. 그녀가 여성으로서, 아니 여성임을 잊은 여성으로서 글을 썼고, 그 덕분에 그녀의 책에는 성별을 의식하지 않을 때 나타나는 흥미로운 성적 특성이 가득했어요.

이 모든 것은 좋은 현상이에요. 그러나 아무리 감성이 풍부하고 지각(知覺)이 뛰어나더라도, 일시적이고 개인적인 것을 재료 삼아 오래도록 무너지지 않을 건축물을 쌓아 올리지 못한다면 결국 그런 재능도 아무런 의미가 없는 셈이에요. 앞서 저는 그녀가 어떤 '상황'에서 자기 자신을 직면할 때까지 기다리겠다고 말했어요. 다시 말해서, 부르고, 손짓하고, 한곳으로 모으는 행위를 통해 그녀가 단순히 겉만 훑는 수준에 머물지 않고 깊숙한 속을 들여다보았다는 사실을 증명할 때까지 기다리겠다는 뜻이에요. 어느 순간이 되면 이제는 난폭한 행동을 하지 않고도 이 모든 것의 의미를 밝힐 수 있어, 하고 자기 자신에게 말할 테지요. 그리고 그녀가 손짓하며 부르기 시작하면 — 분명히 생기가 완연한 모습이겠지요! — 여기까지 오는 도중에 다른 장(章)에서 살짝 언급한 아주 사소한 것들, 반쯤 잊힌 것들이 기억 속에 떠오를 거예요. 그리고 그녀는 누군가 바느질을 하거나 담배를 피우는 동안 그런 잊힌 것들의 존재를 가능한 한 자연스럽게 느낄 수 있도록 만들 테고, 그녀가 글을 계속 써나가면 우리는 세상 꼭대기에 올라서서 발아래 펼쳐진 장대한 세상을 내려다보는 듯한 기분을 맛보게 될 거예요.

여하튼 그녀는 그런 시도를 하고 있었어요. 그리고 저는 그녀가 시험 삼아 글을 길게 써나가는 모습을 지켜보다가 주교와 학장, 박사와 교수, 가장과 현학자 들이 일제히 그녀를 향해 경고와 조언을 외치는 모습을 보았고, 부디 그녀만은 그들의 모습을 보지 못하기를 바랐어요. 이렇게 할 수는 없습니다! 저렇게 해선 안 돼요! 잔디밭에 들어갈 수 있는 건 연구원과 학자들뿐입니다! 숙녀 분들은 소개장 없이 입장하실 수 없어요! 성공하기를 바라는 품위 있는 여성 소설가는 이쪽으로 오십시오! 그들은 경마장 장애물 울타리 옆에 모인 구경꾼들처럼 그녀를 독려했고, 그녀가 치러야 할 시험은 오른쪽도 왼쪽도 돌아보지 않고 자신에게 주어진 울타리를 뛰어넘는 것이었어요. 만약 욕이라도 하려고 멈춘다면 실패하고 말 거예요, 하고 저는 그녀에게 말했어요. 웃으려고 멈춰도 안 돼요. 망설이거나 실수하면 끝장이에요. 뛰어오를 생각만 해요, 하고 저는 그녀에게 전 재산을 건 사람처럼 애원했어요. 그리고 그녀는 새처럼 날아올라 울타리를 넘었어요. 그러나 그 뒤에도, 또 그 뒤에도 장애물이 버티고 있었어요. 그녀가 지구력을 발휘할 수 있을지 걱정스러웠어요. 박수와 고함이 그녀의 기력을 빼앗았으니까요. 그래도 그녀는 최선을 다했어요. 메리 카마이클은 천재가 아니라 침실 겸 거실에서 첫 소설을 쓴 무명의 소녀일 뿐이고, 원하는 물건도, 시간도, 돈도, 여가도 충분치 않았다는 사실을 고려하면 그녀의 활약은 그리 나쁘지 않았어요.

책의 마지막 장—누군가 응접실 커튼을 잡아당기는 바람에 사람들의 코와 맨어깨가 별이 빛나는 하늘 아래 그대로 드러났다—을 읽으며, 그녀에게 100년이라는 시간이 더 주어진다면, 그녀에게 자기만의 방과 매년 500파운드라는 돈이 주어진다면, 또 자기 마음을 마음껏 말하도록 내버려두고 지금 쓴 글을 절반 정도 덜어낸다면, 머지않아 더 나은 책을 쓸 수 있을 거라고 확신했어요. 그리고 저는 메리 카마이클의《인생의 모험》을 책 선반 끝에 놓으며 말했어요. 100년이라는 시간이 더 주어진다면 그녀는 시인도 될 수 있다고 말이에요.

6

다음 날 10월의 아침 햇살이 커튼을 달지 않은 창문으로 들어와 먼지 낀 빛줄기를 만들고, 거리에서는 차들이 웅웅거리는 소리가 들려왔어요. 이제 런던은 다시 기지개를 켜고 있었어요. 공장에 활기가 돌고, 기계들이 움직이기 시작했어요. 책을 다 읽고 나니, 창밖을 내다보며 1928년 10월 26일 아침의 런던은 과연 무엇을 하고 있는지 구경하고 싶어졌어요. 런던은 무엇을 하고 있었을까요? 《안토니우스와 클레오파트라》를 읽는 사람은 아무도 없는 듯했어요. 런던은 셰익스피어 희곡에는 완전히 무관심한 듯 보였어요. 픽션의 미래와 시의 죽음, 평범한 여성의 생각을 완전하게 표현할 수 있는 산문 기법의 발전 따위는 누구도 전혀 신경 쓰지 않았는데 — 그렇다고 사람들을 비난할 생각은 아니에요. 보도 바닥에 분필로 이런 문제에 대한 의견을 써놓는다고 해도, 걸음을 멈추고 읽을 사람은 아무도 없을 거예요. 갈 길 바쁜 냉담한 발걸음에 30분이면 모두 지워지고 말겠지요. 심부름꾼 소년이 오고, 애완견을 앞세운 여자가 왔어요. 런던 거리의 매력은 어느 누구도 서로 닮은 사람이 없다는 점인데, 모두 하나같이 각자의 개인적 용무에 얽매인 듯 보였어요. 사업가 같은 인상에 작은 가방을 들고 다니는 사람들도 있고, 지하실 출입구 난간을 막대기로 시끄럽게 두드리고 다니는 떠돌이들도 있고, 짐수레를 타고 다니며 반갑게 인사를 건네고 묻지도 않은 정보를 알려주는 남자들처럼 거리를 사교 클럽으로 여기는 붙임성 좋은 이들도 보였어요. 장례 행렬도 지나고는 했는데, 그 모습을 본 사람들은 문득 자기도 언젠가는 죽음을 맞을 거라는 생각을 떠올리고 모자를 벗어 조의를 표하기도 했어요. 그리고 품위 넘치는 신사 한 분이 현관 층계를 천천히 내려오다가, 어떻게 마련했는지 모를 화려한 모피 외투를 걸치고 파르마바이올렛 한 다발을 안은 부산스러운 여인과 부딪히지 않으려고 걸음을 멈추었어요. 그들은 모두 따로 떨어져서 존재하며, 자기만의 생각과 일에 몰두하는 듯 보였어요.

바로 그때 거리의 흐름이 완전히 멈추는 순간이 찾아왔어요. 런던에서는 드물지 않은 일이지요. 아무것도 거리에 나타나지 않았고, 아무도 거리를 지나지 않았어요. 거리 끝에 선 플라타너스 잎사귀 하나가 그 휴식과 정지 속으로 떨어졌어요. 어쩐지 그 모습은 어떤 신호처럼, 지금껏 대수롭지 않게 보아 넘긴 것들 속에 깃든 힘을 가리키는 신호처럼 보였어요. 그것은 어느 강을 가리키는 듯했는데, 그 보이지 않는 강은 옥스브리지의 강물이 어느 남자 대학생이 탄 배와 죽은 나뭇잎들을 데리고 흐르던 것처럼 모퉁이를 돌아 거리를 따라 흐르면서 사람들을 끌어들이고, 그들과 함께 소용돌이쳤어요. 이제 강은 에나멜 가죽 장화를 신은 소녀를 거리의 한쪽에서 다른 쪽으로 비스듬히 옮겨왔고, 다시 밤색 외투를 입은 젊은 남자를 데려왔어요. 그리고 택시도 실어왔어요. 이 셋은 저의 방 창문 바로 밑에서 맞닥뜨렸어요. 택시가 멈추고, 소녀와 젊은 남자도 멈추어 섰지요. 두 사람이 택시에 오르자, 택시는 물줄기에 떠밀리듯 어딘가로 미끄러져 갔어요.

지극히 일상적인 광경이었어요. 그러나 한 가지 낯선 점은 저의 상상 속에서 생겨난 율동적 규칙성과 두 사람이 택시에 오르는 평범한 광경 속에, 겉으로는 만족스러워 보이는 저 두 사람에 관한 어떤 이야기를 전하려는 힘이 있다는 사실이었어요. 저는 택시가 모퉁이를 돌아서 황급히 사라지는 모습을 지켜보며, 길을 걸어 내려온 두 사람이 길모퉁이에서 만나는 광경을 보니 마음의 긴장이 풀리는 듯하다고 생각했어요. 지난 이틀 동안의 제가 그러했듯, 여성과 남성을 서로 별개의 존재라고 생각하는 건 제법 노력이 드는 일 같아요. 그런 생각은 마음의 조화를 방해하니까요. 이제 저는 그런 노력을 그만두었어요. 두 남녀가 택시에 함께 오르는 모습을 본 덕분에 마음의 조화도 회복되었지요. 저는 창문 안으로 고개를 들여놓으며, 마음이란 참 신비한 기관이 틀림없다고 생각했어요. 우리는 마음에 전적으로 의존하면서도 마음에 대해 아무것도 모르니까요. 몸이 긴장할 때는 분명한 이유가 있게 마련인데, 마음속에 단절과 대립이 있다고 느끼는 데는 어떤 이유가 있을까요? '마음의 조화'란 무엇을 뜻할까요? 마음은 언제 어디서든 집중할 수 있는 대단한 능력이 있기 때문에 어느 한 가지 상태에 머무르지 않는데 말이에요. 예컨대 마음은 다른 사람들로부터 따로 떨어져서 위층 창문에서 길 위의 사람들을 내려다보며, 자신은 그들과 별개의 존재라고 생각할 수도 있어요. 그와 반대로 자연스럽게 다른 사람들과 같은 생각을 할 때도 있는데, 예를 들어 새로운 소식을 발표하는 장소에 모인 군중이 그렇지요. 마음은 아버지들이나 어머니들을 통해서 과거를 돌이켜 생각할 수도 있는데, 앞서 제가 말한 것처럼 글을 쓰는 여성은 그 어머니와 할머니들을 통해서 과거를 생각해요. 그리고 여성이라면 갑작스레 의식이 분열하는 경험을 하고 깜짝 놀라는 경우가 종종 있는데, 예컨대 화이트홀*을 걸으며 그 거리를 만든 문명의 후계자로 태어났다고 자부하다가도, 졸지에 밖으로 떠밀려서 위기에 몰린 이방인 신세가 되는 경우가 그렇지요. 분명히 마음은

---

* 런던의 트라팔가 광장과 의사당 광장을 잇는 거리다. 정부 청사와 역사 기념물 등이 밀집해 있다.

수시로 초점을 바꾸고, 세상을 다양한 관점에서 바라보곤 해요. 그런데 이러한 마음의 여러 상태 가운데는 비록 스스로 선택했을지라도, 다소 불편한 상태도 없지 않아요. 그런 불편한 상태를 유지하려면 무의식적으로 무언가를 억제해야 하고, 그런 억압은 점차 수고로운 일이 되고 말아요. 그러나 어떤 마음의 상태를 유지하는 데는 별달리 수고하지 않아도 된다면 그건 아무것도 억누를 필요가 없기 때문이에요. 저는 창가에서 물러나며 아마 지금이 바로 그런 상태일 거라고 생각했어요. 택시에 오르는 남녀 한 쌍을 보는 순간, 그때까지 분열되어 있던 제 마음이 다시 한데 뭉치며 자연스럽게 융합하는 듯 느껴졌어요. 그 까닭은 틀림없이 여성과 남성이 서로 협력하는 게 자연스러운 일이기 때문일 거예요. 우리에게는 남녀의 결합을 통해 최고의 만족과 완벽한 행복에 이를 수 있다는 이론에 동조하려는, 어쩌면 비이성적일 수도 있는 뿌리 깊은 본능이 있어요. 그러나 두 사람이 택시에 오르는 모습과 그 광경이 내게 준 만족감 때문에 저는 사람의 몸에 두 종류의 성별이 있듯이 마음에도 성별이 있는지, 또 완벽한 만족과 행복에 이르려면 몸뿐만 아니라 마음도 결합해야 하는지 묻고 싶어졌어요. 저는 서투른 솜씨로 영혼의 지도를 그리고, 우리의 마음을 지배하는 두 가지 힘, 남성과 여성을 그 안에 표시했어요. 제가 그린 지도에 따르면 남성의 두뇌에서는 남성이 여성보다 우세하고, 여성의 두뇌에서는 여성이 우세하답니다. 두 힘이 사이좋게 살아가면서 정신적 협력 관계를 이루면 정상적이고 편안한 상태가 유지되지요. 남성의 경우 두뇌의 여성적 부분이 반드시 기능해야 하며, 여성 역시 자기 안의 남성과 교류해야 해요. 어쩌면 콜리지*도 이런 뜻에서 위대한 마음은 양성(兩性)이라는 말을 남겼는지도 모르겠어요. 마음이 진정 풍요로워지고 모든 능력을 발휘할 수 있는 건 바로 이런 융합이 일어날 때예요. 아마 순전히 남성적이기만 한 마음은 창조력을 발휘하지 못할 것이고, 그저 여성적이기만 한 마음 역시 마찬가지일 거예요. 그렇지만 잠시 이야기를 멈추고 책을 한두 권 들춰보면서 남성적 여성, 거꾸로 말하면 여성적 남성이 무엇을 뜻하는지 알아보는 것도 좋을 듯해요.

콜리지가 위대한 마음은 양성이라는 말을 했을 때, 여성과 특별히 공감하거나 여성의 생각을 받아들이고 여성을 대변하는 데 헌신하는 마음을 뜻한 것은 분명 아니었어요. 양성적인 마음이라면 하나의 성만 지닌 마음보다 오히려 그러한 성적 차이를 잘 구분하지 못할 테니까요. 아마 그가 뜻한 양성적인 마음이란 외부와 막힘없이 공명하며, 어려움 없이 감정을 전달하고, 본래 창조적이고 열정적이며 분열되지 않은 마음일 거예요. 실제로 셰익스피어는 양성적인 마음, 여성적 남성의 마음을 지닌 대표적 인물로 꼽을 수 있어요. 물론 셰익스피어가 여성에 대해 어떻게 생각했는지는 알 길이 없지만요. 그리고 마음이 충분히 성숙했다는 징표가 성을 특별하거나

* Samuel Taylor Coleridge, 1772~1834. 영국의 서정 시인, 비평가, 철학자다.

별개의 것으로 여기지 않는 태도라면, 지금은 어느 때보다도 성숙한 마음에 이르기 어려운 시절이에요. 저는 현존하는 작가들의 책 앞으로 와서, 이런 사실이 오랫동안 저를 곤혹스럽게 하던 어떤 문제의 근원과 관련이 있지 않을까 생각했어요. 지금 우리가 사는 시대는 그 어느 시대보다 요란스럽게 성을 의식해요. 대영박물관에 소장된, 남성이 여성에 대해 쓴 무수히 많은 책이 그 증거지요. 문제의 발단은 여성 참정권 운동이었어요. 그 일은 남성의 비상한 자기주장 욕구를 자극했을 테고, 도전받지 않았다면 굳이 의식하지 않았을 자신의 성과 그 특성을 강조하게끔 만들었을 거예요. 한 번도 도전을 받아본 적 없는 사람이 그런 상황에 처하면, 설사 그 상대가 검은 보닛을 쓴 여자 몇 명에 불과하더라도 과도한 앙갚음을 하게 마련이에요. 어쩌면 그런 사실이 제가 여기서 발견했다고 기억하는 몇몇 특징들을 설명할 수도 있겠다고 생각하면서, 저는 지금 한창 전성기를 누리며 비평가들에게 무척 높은 평가를 받는 A씨의 새 소설을 꺼내놓았어요. 책을 펼쳤어요. 다시 남성의 글을 읽는 기분은 정말 즐거웠어요. 여성이 쓴 글을 읽은 다음에 읽으니 무척 솔직하고 직설적으로 느껴졌어요. 얽매이지 않는 마음과 자유로운 육체와 자신감이 자연스럽게 드러났어요. 한 번도 방해를 받거나 반대에 부딪힌 적 없고, 태어날 때부터 어떤 영역이든 원하는 대로 마음껏 뻗어나갈 수 있는 완전한 자유를 부여받았으며, 좋은 자양분을 섭취해가며 좋은 교육을 받고 자란 자유로운 마음에서 물질적 풍요가 느껴졌어요. 그저 감탄스러울 뿐이었어요. 그러나 한두 장 읽고 나니, 지면에 드리운 그림자가 눈에 들어왔어요. 그림자는 곧고 어두운 막대 모양으로, 로마자 'I'와 비슷했어요. 저는 그림자 뒤로 펼쳐진 풍경을 엿보려고 이리저리 재빨리 몸을 움직였어요. 그래도 뒤로 보이는 것이 나무인지 걷는 여자인지 확실히 분간할 수 없었어요. 제자리로 돌아오면 다시 I가 저를 맞았어요. 슬슬 I의 존재가 짜증스러워졌어요. 이 I는 정직하고 논리적이며, 견과처럼 단단하고, 몇 세기 동안 잘 가르치고 잘 먹여가며 갈고닦은, 대단히 훌륭한 I인데 말이죠. 저는 진심으로 I를 존중하며, I가 대단하다고 생각해요. 그러나—여기서 저는 무언가를 찾으려고 책장을 한두 장 넘겼어요—가장 불만스러운 점은 I의 그림자 속에서는 모든 것이 안개처럼 형체가 없어진다는 점이에요. 그게 나무인가요? 아니, 그건 한 여자예요. 그러나…… 저는 피비—그녀의 이름이에요—가 해변을 가로질러 다가오는 모습을 바라보며, 그녀는 몸속에 뼈가 하나도 없는 듯하다고 생각했어요. 그때 앨런이 일어났고, 앨런의 그림자는 곧바로 피비의 모습을 지웠어요. 앨런은 자기만의 생각이 있었고, 피비는 홍수처럼 밀려드는 그의 생각 속에 가라앉고 말았어요. 그때 앨런은 정욕을 품은 것 같았어요. 저는 곧 위기가 닥쳐오리라는 생각에 책장을 아주 빨리 뒤로 넘겼고, 실제로 위기는 닥쳐왔어요. 일이 벌어진 장소는 태양이 내리쬐는 바닷가였어요. 그 일은 아주 공공연하게 그리고 아주 격렬하게 일어났어요. 그보다 더

외설적일 수 없을 정도였지요. 그러나…… 아무래도 '그러나'라는 말을 너무 많이 한 듯싶네요. '그러나'만 계속할 수는 없는 노릇이지요. 어떻게든 문장은 끝맺어야 한다고 저 자신을 꾸짖었어요. "그러나— 나는 지루하다!"라고 끝을 맺을까요? 그러나 나는 왜 지루했을까요? I가 지배자 노릇을 하며, 거대한 너도밤나무처럼 자기 그림자 속에 든 모든 것을 메마르게 한다는 점도 어느 정도 이유가 될 수 있겠지요. 그 안에서는 아무것도 자라지 못하니까요. 그리고 그보다 분명치 않은 다른 이유도 있었어요. 창조력이 솟아나는 샘을 틀어막고, 좁은 한계 속에 창조력을 가두는 어떤 방해나 장애가 A씨 마음속에 자리 잡고 있는 듯 보였어요. 옥스브리지의 오찬 모임과 재떨이와 맹크스 고양이와 테니슨과 크리스티나 로제티를 모두 하나로 뭉뚱그려서 떠올려보니, 장애물은 바로 그곳에 있을지도 모르겠다는 생각이 들었어요. 앨런은 이제 "눈부시게 빛나는 눈물을 문가에 핀 시계꽃이 떨구었네"라고 조용히 콧노래를 부르지 않고, 피비도 바닷가를 가로지르며 "나의 심장은 노래하는 새처럼 촉촉한 어린 가지 위에 둥지를 틀고"라고 답하지 않으니, 앨런이 피비에게 다가와서 달리 무엇을 하겠어요? 대낮처럼 숨김없고 태양처럼 논리적인 그가 할 수 있는 일이라고는 한 가지뿐이에요. 객관적으로 보았을 때 그는 그런 일을 자꾸자꾸 (나는 책장을 넘기며 말했어요.) 자꾸 반복해요. 너무 심한 말인지도 모르지만, 앨런의 그런 행동은 저에게 따분하게만 보였어요. 셰익스피어 작품 속 외설은 마음속에 있던 다른 수많은 생각들을 모조리 쫓아버리기 때문에 따분할 틈이 없지요. 그러나 셰익스피어가 재미를 위해 그렇게 한 데 반해, A씨는 유모들 말마따나 일부러 그런 일을 해요. 이의를 제기하기 위해서 말이에요. 자신이 우월하다고 내세움으로써 남녀가 평등하다는 생각에 이의를 제기하는 거예요. 그 결과 그는 방해받고 억눌리며, 자의식 또한 강해지는데, 셰익스피어도 클러프 양*과 데이비스 양** 에 대해 알았다면 그렇게 행동했을지 모르지요. 여성운동이 19세기가 아닌 16세기에 일어났다면, 엘리자베스 시대의 문학은 틀림없이 지금과 무척 다른 모습이었을 거예요.

마음에 두 가지 측면이 있다는 이 가설이 타당하다면, 이제는 남성성이 자의식을 갖게 되었다는 결론에 이르러요. 다시 말해 요즘은 남자들이 뇌의 남성적 부분만 활용해서 글을 쓴다는 것이지요. 여성이 그들의 책을 읽는 건 실수예요. 여성이 찾는 건 그런 책 속에서는 발견할 수 없으니까요. 그들에게 결여된 요소 가운데 가장 치명적인 건 바로 생각을 이끌어내는 힘이라는 생각을 하면서, 저는 비평가 B씨의 책을 손에 들고 시(詩) 기법에 대한 논평을 매우 주의깊게 꼼꼼히 읽었어요. 대단히 재기 넘치고 예리한 논평일 뿐만 아

---

* Anne Jemima Clough, 1820~1892. 영국의 교육자, 여권운동가로 뉴넘칼리지의 초대 총장을 역임했다.

** Sarah Emily Davies, 1830~1921. 영국의 교육자로 케임브리지 최초의 여자 대학인 거턴칼리지의 공동 설립자다.

니라 그 안에 담긴 지식도 충실했지만, B씨의 감정들이 더는 소통하지 않는 점이 문제였어요. 그의 마음은 따로 나뉘어 제각기 다른 방에 들어가 있는 듯, 외마디 소리조차 서로 전달되지 않았어요. 그러므로 B씨의 문장을 가져다가 우리 마음속에 집어넣으면 그 문장은 바닥으로 툭 떨어지고 — 결국 죽고 말아요. 그러나 콜리지의 문장은 마음속에서 폭발하며 수많은 다른 생각들을 낳지요. 영원한 생명의 비밀이 담긴 글이란 바로 그런 글이에요.

이유야 어떻든 그러한 현실은 개탄스러운 일이 아닐 수 없어요. 현존하는 작가 가운데 가장 위대한 이들 — 이때 저는 골즈워디 씨와 키플링 씨의 책들이 줄줄이 꽂힌 칸 앞에 있었어요 — 의 걸작을 모르고 지나칠 수도 있다는 뜻이니까요. 비평가들은 그 작품들 속에 영원한 생명의 샘이 존재한다고 장담하지만, 여성은 무슨 수를 써도 그 샘을 찾지 못할 거예요. 그 까닭은 남성의 미덕을 찬양하고, 남성의 가치를 강요하고, 남성의 세계를 그릴 뿐만 아니라, 이 책들 속에 들어찬 감정이 여성에게는 이해 못할 것이기 때문이에요. 사람들은 그들의 책을 끝까지 다 읽기 훨씬 전부터, 감정이 모여들고, 차츰 쌓이다가, 머리 위에서 폭발하려 한다고 말하고는 해요. 그 그림이 늙은 졸리언*의 머리 위로 떨어지면, 그는 그 충격으로 죽고 말 거예요. 그러면 나이 든 서기관은 두세 단어로 된 부고 기사를 쓸 테

* 존 골즈워디의 연작 소설《포사이트가의 이야기》의 등장인물이다.

고, 템스강 위의 수많은 백조는 일제히 노래하기 시작하겠지요. 그렇지만 그런 일이 벌어지기 전에 여성은 구스베리 덤불 속에 숨어버릴 거예요. 남성에게는 무척 깊고, 미묘하며, 상징적인 감정이라도 여성에게는 이해 못할 것일 뿐이니까요. 키플링 씨의 등 돌린 장교들도 마찬가지고, **씨**를 뿌리는 **파종자들**, 자기 **일**에 몰두한 **남자들**, 그리고 **깃발**— 이 굵은 글자들을 보면 떠들썩한 남자들만의 술잔치를 엿듣다가 들키기라도 한 듯 얼굴이 달아오라요. 사실인즉 골즈워디 씨와 키플링 씨 안에는 여성적 불꽃이 존재하지 않아요. 일반적으로 여성의 눈에 두 사람의 자질이 조악하고 미숙하게 보이는 까닭은 바로 그 때문이에요. 그들에겐 생각을 이끌어내는 힘이 결핍되어 있었어요. 생각을 이끌어내지 못하는 책은 마음의 표면에 아무리 세게 부딪힌다고 해도, 마음을 꿰뚫지 못해요.

불안한 마음에 책을 꺼내서는 보지도 않고 도로 꽂으며, 저는 교수들의 편지가 (예컨대 월터 롤리 경의 편지들이) 예고한, 그리고 이탈리아의 통치자들이 실현한 극단적이고 독단적인 남성성이 지배하는 미래를 상상해보았어요. 로마에 가면 그곳의 순수하고 완전한 남성성에 어김없이 깊은 인상을 받는데, 그런 순전한 남성성이 국가적으로 어떤 가치를 갖는지는 둘째 치고, 우선 우리는 그것이 시기법에 어떤 영향을 미치는지 의문을 품어볼 수 있어요. 여하튼 신문 기사에 따르면, 이탈리아에는 픽션에 대한 우려가 어느 정도 존재한다고 해요. '이탈리아 소설의 발전'을 주제로 학술회의가 열리기도 했어요. 한번은 '명문가 태생이거나 금융, 산업 혹은 파시스트 단체의 저명인사들'이 한데 모여서 그 문제를 논의하고, '파시즘의 시대는 머지않아 그에 걸맞은 시인을 낳을 것'이라는 희망을 담은 전보를 총통에게 보냈지요. 우리도 그 간절한 희망에 동참하지 못할 건 없지만, 과연 그런 시가 인큐베이터 밖으로 나올 수나 있을지 모르겠어요. 시에겐 아버지만큼이나 어머니의 존재도 필요하니까요. 안된 일이지만, 파시즘 시는 어느 지방 도시의 박물관에서나 볼 수 있는, 유리병 속에 담긴 작고 끔찍한, 유산된 태아와 같은 신세가 될 거예요. 괴물은 결코 오래 살지 못한다고 하니까요. 그런 비정상적인 존재가 들판에서 풀을 뜯는 모습은 한 번도 본 적 없어요. 몸통 하나에 머리만 둘인 생물은 타고난 수명을 다 누리지 못할 거예요.

그렇지만 굳이 책임을 따지고자 한다면, 이 모든 일은 어느 한쪽이 아닌 남녀 모두의 잘못이에요. 모든 선동가와 개혁가들, 그랜빌 경에게 거짓말을 한 레이디 베스버러와 그레그 씨에게 진실을 말한 데이비스 양 같은 이들이 책임져야 할 일이지요. 성별을 의식하는 상태를 초래한 모든 이들에게 책임을 물어야 해요. 책을 읽으며 지적 능력을 활용하고 싶어질 때면 데이비스 양과 클러프 양이 태어나기도 전, 마음의 양쪽 부분을 골고루 사용하던 행복한 시대의 책을 찾는 것도 바로 그들 때문이지요. 그런 책을 찾으려면 우리는 셰익스피어에게로 돌아가야 해요. 셰익스피어는 양성적이었고, 키츠와 스턴과 쿠퍼와 램과 콜리지도 마찬가지였지요. 셸리는 아마 성이 없었을 거예요. 밀턴과 벤 존슨은 마음속 남성의 존재가 지나치게 컸어요. 워즈워스와 톨스토이도 다르지 않았고요. 우리 시대의 작가 가운데는 프루스트가 완전히 양성적인데, 어쩌면 여성이 조금 큰지도 모르겠어요. 그런 결점은 워낙 드물기 때문에 불평의 대상이 될 수조차 없답니다. 남녀의 혼합이 전혀 일어나지 않으면, 지성이 우세해져서 다른 능력들은 딱딱하게 굳고 메말라버릴지도 모르니까요. 어쨌든 저는 이런 일이 통과의례에 불과할지 모른다는 생각을 하며 위안을 얻었어요. 생각의 흐름을 보여드리겠다는 약속에 따랐기 때문에 이제껏 제가 한 이야기는 상당 부분 시대에 뒤떨어진 이야기로 들릴 테고, 저의 눈 속에서 타오르는 불꽃 역시 아직 성년이 되지 않은 여러분에게는 미심쩍어 보이겠지요.

그렇더라도 저는 첫 문장은, 자신의 성별에 대한 생각은 글을 쓰려는 모든 이에게 치명적이다, 라고 쓰겠다고 말하며, 책상으로 다가가 '여성과 픽션'이라는 제목이 쓰인 종이를 집어 들었어요. 순전히 남성적이거나 순전히 여성적이기만 하면 치명적이므로 우리는 여성적 남성 혹은 남성적 여성이 되어야 해요. 여성이 불만스러운 일을 조금이라도 강조하거나, 정당한 것일지라도 어떤 주장을 내세우거나, 어떤 식으로든 여성으로서 자의식을 갖고 이야기하는 것 역시 치명적이에요. 치명적이라는 말은 비유적 표현이 아니에요. 그렇게 편향된 의식을 갖고 쓴 글은 결국 죽어버리게 마련이니까요. 그런 글은 풍요로워지지 못해요. 하루이틀 동안은 화려하고 인상적이며 설득력 있고 능란해 보일지 모르지만, 밤이 오면 이내 시들고 말아요. 그런 글은 다른 사람 마음속에서 자라지 못해요. 예술적 창작은 마음속에서 여성과 남성이 협력할 때만 성취할 수 있어요. 반대되는 두 성이 결혼해야 하는 것이지요. 작가가 마음 전체를 활짝 열 때, 비로소 우리는 작가가 자기의 경험을 어느 것 하나 빠짐없이 충실히 나누고 있다는 느낌을 받게 돼요. 자유가 있어야 하고 평화가 있어야 하지요. 바퀴 하나도 삐걱거려서는 안 되며, 등불 하나도 깜박거려서는 안 돼요. 커튼을 내려두어야 해요. 일단 자기의 경험이 끝나면 작가는 가만히 드러누워 어둠 속에서 거행되는 결혼식을 마음속으로 축하해야 해요. 일이 진행 중일 때는 들여다보거나 질문을 던져서는 안 돼요. 그 대신 장미 꽃잎을 잡아 뜯거나 강물 위에 가만히 떠 있는 백조를 바라보아야 하지요. 그때 제 눈에는 노 젓는 배와 대학생과 죽은 나뭇잎을 싣고 흐르는 물살이 다시 보였어요. 택시는 남녀가 길을 건너는 모습을 보다가 그들을 태우고는 물살에 휩쓸려 멀리 가버리고, 저는 아련히 들려오는 자동차 소음을 들으며 그들이 저 거대한 교통의 흐름 속으로 섞여들었으려니 생각했어요.

그리고 메리 비턴은 여기서 말을 멈추어요. 지금까지 그녀는 픽션이나 시를 쓰고자 한다면 매년 500파운드의 수입과 문에 자물쇠가 달린 방이 꼭 필요하다는 결론 — 시시한 결론이지요 — 에 이른 과정을 우리에게 설명해주었어요. 이와 같은 결론을 떠올리기까지 그녀에게 영향을 미친 생각과 느낌을 있는 그대로 내보이려고 애를 썼지요. 여러분은 그녀에게 부탁받은 대로 그녀가 대학 행정관과 맞닥뜨리고, 여기서는 점심을, 저기서는 저녁을 먹고, 대영박물관에서 그림을 그리고, 서가에서 책을 꺼내고, 창밖을 내다보는 내내 그 뒤를 따라다녔어요. 그녀가 이 모든 일을 하는 동안, 여러분은 틀림없이 그녀의 결점과 약점을 목격했을 테고, 그것들이 그녀의 주장에 어떤 영향을 미쳤는지 판단했겠지요. 그녀의 주장을 반박하고 자신의 판단에 따라 무언가를 덧붙이거나 빼냈을 거예요. 그 모든 것이 바람직한 반응이에요. 이런 문제에서 진실을 찾아내려면 여러 사람이 다양한 오류를 직접 저질러보고, 그 경험을 한데 모으는 방법밖에 없으니까요. 그리고 이제 저는 여러분이 그냥 지나치지 못할 만큼 명백한 문제점 두 가지에 대한 비판을 제기하며 이 글을 마무리할 생각이에요.

아마 여러분은 남성과 여성이 작가로서 상대방보다 우월한 점에 대해 제가 아무런 의견도 제시하지 않았다는 점을 지적하실 거예요. 사실 그건 의도적인 것이었어요. 그런 식의 가치 평가가 가능한 시대가 되었어도—그렇더라도 여성의 능력에 대한 이론을 만드는 일보다는 여성이 돈을 얼마나 갖고 있으며 방은 몇 개인지 알아내는 쪽이 훨씬 중요하지만—저는 설탕이나 버터의 무게를 재듯 마음이나 성격의 재능을 측정할 수 있다고는 생각하지 않아요.

그런 건 사람을 등급별로 나누고, 그들의 머리에 모자를 씌우고, 이름 뒤에 석사니 박사니 하는 말을 붙이는 데 능숙한 케임브리지 사람들조차 해낼 수 없는 일이에요. 저는《휘터커 연감》에 나오는 계급 순위표가 인간의 궁극적인 가치 등급을 의미한다거나, 명예 기사 작위를 가진 사람은 정신병자의 법적 권리 대행을 전담하는 판사 보좌관 다음으로 만찬회장에 입장해야 한다는 관례에 어떤 논리적 이유가 있다고는 생각하지 않아요. 성별 간의 경쟁, 신분 간의 대립처럼 자신의 우월함을 자랑하고 상대에게 열등함을 덮어씌우는 이 모든 행위를 인생의 단계로 구분하자면 10대들이 다니는 사립학교 수준에 속한답니다. 이 단계에서는 '편'을 나누고, 반드시 상대편을 무찔러야 하며, 단상에 올라가서 교장의 손에서 화려한 우승컵을 넘겨받는 일이 무엇보다 중요해요. 사람들은 성숙해질수록 점차 편 나누기나 교장, 화려한 우승컵 등을 믿지 않지요. 어쨌든 책은 그 장점을 기록한 표식을 떨어지지 않게 붙여놓기가 어렵기로 악명이 높아요. 책을 평가하는 일이 얼마나 어려운지는 요즘의 문학평론이 되풀이해서 보여주지 않나요? '위대한 책'과 '쓸모없는 책'이라는 두 가지 이름이 책 한 권에 동시에 따라붙곤 해요. 칭송과 비난은 하나같이 아무런 의미도 없는 것들이에요. 평가를 내리는 일은 소일거리로서는 즐거울지 몰라도 세상에서 가장 무익한 일이며, 평가를 내리는 자들의 판결에 굴복하는 건 세상에서 가장 비굴한 태도예요. 중요한 건 스스로 쓰고 싶은 바를 쓰는 거예요. 그렇게 쓴 글이

몇 세대가 지나도 여전히 중요할지, 아니면 불과 몇 시간 동안만 중요할지는 아무도 모르는 일이에요. 그러나 은빛 우승컵을 손에 든 교장이나 소맷자락에 자를 숨긴 교수에게 복종해서 여러분이 떠올린 비전을 머리카락 한 올이라도, 그 빛깔의 미묘한 명암이라도 희생시킨다면 그건 가장 비열한 변절이며, 인간에게 가장 큰 재앙이라는 부와 정절의 희생이 그저 벼룩에 물린 정도로 보일 만큼 크나큰 재앙이에요.

다음으로 아마 여러분은 제가 이 모든 문제와 관련해서 물질적인 것의 중요성을 지나치게 강조했다고 이의를 제기할지도 모르겠어요. 상징적 표현을 폭넓게 적용해서 매년 500파운드의 수입은 깊게 생각하는 힘을, 방문에 달린 자물쇠는 스스로 생각하는 힘을 상징한다고 설명해도 여러분은 여전히 마음은 그런 것들을 극복해야 하며, 위대한 시인은 가난한 경우가 많았다고 말하겠지요. 그렇다면 시인이 되려면 어떤 자질이 필요한지 저보다 잘 아시는 여러분의 문학 교수님 말씀을 인용해볼게요. 아서 퀼러-쿠치 경은 다음과 같이 말해요.*

지난 100여 년 동안 위대한 시인이라면 누구를 들 수 있을까? 콜리지, 워즈워스, 바이런, 셸리, 랜더, 키츠, 테니슨, 브라우닝, 아널

* 아서 퀼러-쿠치 경,《작문론》(원주)

드, 모리스, 로제티, 스윈번— 이 정도면 충분할 것이다. 이들은 키츠와 브라우닝, 스윈번을 제외하고는 모두 대학을 나왔으며, 그 셋 가운데 부유하지 않은 이는 한창 젊은 나이에 세상을 떠난 키츠뿐이다. 잔인한 말처럼 들릴 테고, 말하는 사람으로서도 서글픈 이야기지만, 시적 재능이 가난한 이와 부유한 이를 가리지 않으며 바람처럼 우연히 날아든다는 이론은 사실일 가능성이 희박하다. 엄연한 사실은 열두 명 가운데 아홉은 대학을 나왔다는 것이며, 이는 영국 최고의 교육을 받을 만한 재력이 있었음을 뜻한다. 나머지 셋 가운데서도 브라우닝이 부유했다는 사실은 잘 알려진 바인데, 감히 말하건대 그가 부유하지 않았다면《사울》이나《반지와 책》을 쓰지 못했을 것이며, 러스킨 역시 부친의 사업이 번창하지 않았다면《근대 화가론》을 쓰지 못했을 것이다. 로제티는 많지는 않아도 개인적인 수입이 있었고, 그림도 그렸다. 남은 이는 키츠뿐인데, 존 클레어를 정신병원에서 살해하고, 실망감을 약물로 달래던 제임스 톰슨을 아편으로 살해한 운명의 여신 아트로포스는 키츠 역시 젊은 나이에 데려가고 말았다. 끔찍한 사실이지만 우리는 사실을 직시해야 한다. 국가적 불명예일지언정 우리 영국 안에 존재하는 어떤 결함 탓에 우리 시대에는 가난한 시인이 존재하지 않는 게 사실이며, 지난 200년을 돌아보아도 가난한 시인은 극히 드물었다. 지난 10년 동안 오랜 시간을 들여가며 320개 초등학교를 관찰한 사람으로서 말하건대, 우리가 아무리 민주주의에 대해 떠들어대도 현실적으로

> 영국의 가난한 아이가 속박에서 해방되어 위대한 작품을 낳는 데 반드시 필요한 지적 자유를 얻을 가망은 고대 아테네 노예의 아들보다 조금도 나을 게 없다.

문제의 핵심을 이보다 알기 쉽게 설명할 수 있는 분은 아마 없을 거예요. "우리 시대에는 가난한 시인이 존재하지 않는 게 사실이며, 지난 200년을 돌아보아도 가난한 시인은 극히 드물었다. ……영국의 가난한 아이가 속박에서 해방되어 위대한 작품을 낳는 데 반드시 필요한 지적 자유를 얻을 가망은 고대 아테네 노예의 아들보다 조금도 나을 게 없다." 바로 이거예요. 지적 자유는 물질적인 것들에 좌우돼요. 시는 지적 자유에 좌우되고요. 그리고 여성은 지난 200년뿐만 아니라 세상이 열린 이래 줄곧 가난했어요. 여성의 지적 자유는 고대 아테네 노예의 아들보다도 못했어요. 그러므로 여성이 시를 쓸 가능성은 조금도 없었지요. 그것이 바로 제가 돈과 자기만의 방을 그토록 강조하는 까닭이에요. 어쨌든 과거에 살다 간 이름 모를 여인들 덕분에, 저의 호기심을 자극하는 그 여인들의 노고 덕분에, 그리고 공교롭게도 두 차례의 전쟁, 즉 플로렌스 나이팅게일을 응접실 밖으로 끌어낸 크림전쟁과 약 60년 뒤 보통 여성들에게 문을 열어준 유럽전쟁* 덕분에 이런 악습들은 점차 개선되고 있어

---

* 1차 세계대전을 말한다.

요. 그렇지 않았다면 여러분은 오늘 밤 이 자리에 있지 못했을 테고, 매년 500파운드를 벌 가능성은 — 지금도 그렇기는 하지만 — 지극히 적었을 거예요.

그래도 여러분은 여성이 책을 쓰는 일에 왜 그토록 큰 의미를 부여하느냐며 이의를 제기하실지도 모르겠어요. 제 말에 따르면 책을 쓰는 일은 엄청난 노력이 드는 일이고, 그 때문에 친척 아주머니를 죽여야 할지도 모르고, 오찬 모임에 늦거나 아주 좋은 동료들과 심각한 논쟁을 벌여야 할지도 모르는데 말이에요. 솔직히 말씀드리면 조금은 이기적인 의도가 있었어요. 교육받지 못한 영국 여성이 대부분 그렇듯, 저 역시 책 읽기를 좋아하고 — 그것도 아주 많이 읽기를 좋아하지요. 요즘 들어 저의 독서 식단이 조금 단조로워졌어요. 역사엔 전쟁 이야기가 너무 많고, 전기엔 위대한 남성이 너무 많이 나오고, 시는 점점 빈곤해지는 경향을 보이고 픽션은, 그러나 현대 소설 비평가로서 저의 무능함은 충분히 드러났으니 소설에 대해서는 말을 아끼도록 할게요. 그래서 저는 주제가 사소하든 거창하든 절대 망설이지 말고 온갖 종류의 책을 써달라고 여러분께 부탁하고 싶어요. 저는 여러분이 무슨 수를 쓰든 충분한 돈을 스스로 마련해서 여행을 하고, 빈둥거리고, 세상의 과거와 미래에 대해 깊이 생각해보고, 책을 읽으며 몽상을 하고, 길모퉁이를 거닐며 생각의 낚싯줄을 강 속 깊이 드리울 수 있기를 바라요. 저는 결코 여러분을 픽션에만 한정시키려는 게 아니에요. 여러분이 저를, 또 저와 비슷한 몇천 명을 기쁘게 하고 싶다면 여행과 모험, 연구와 학문, 역사와 인물, 비평과 철학과 과학에 대한 책을 쓰세요. 그렇게 하다 보면 여러분은 틀림없이 픽션 기법에도 기여하게 될 거예요. 책들은 서로 영향을 주고받으니까요. 픽션은 시와 철학과 함께 훨씬 더 나아질 거예요. 그리고 사포나 무라사키 부인*이나 에밀리 브론테 등 과거의 위대한 인물들에 대해 곰곰이 생각해보면 그들은 창시자인 동시에 계승자며, 여성들이 자연스럽게 글을 쓰는 습관을 갖게 된 덕에 존재할 수 있었다는 사실을 깨달을 거예요. 그러므로 시를 위한 서곡에 불과할지라도 여러분의 그와 같은 활동은 대단히 가치 있는 일이에요.

그러나 제가 쓴 이 원고를 돌아보며 제 생각의 흐름을 스스로 비판하다 보면, 저의 동기가 전부 이기적이기만 한 건 아니라는 사실을 깨달아요. 저의 이런 발언과 추론들 속에는 좋은 책은 바람직한 것이며, 좋은 작가는 타락한 인간의 온갖 면면을 지녔을지라도 좋은 인간이라는 신념 — 아니면 직감일까요? — 이 담겨 있어요. 그러므로 제가 여러분께 더 많은 책을 쓰라고 당부하는 건 여러분 자신과 크게는 세상 전체에 도움이 되는 일을 하라고 권하는 셈이에요. 그렇지만 이 직감 혹은 신념을 어떻게 증명해야 할지는 모르겠어요. 철학 용어는 대학 교육을 받지 못한 사람을 기만하기 십상이니

---

* 紫式部, 978?~1016?. 일본 헤이안 시대의 궁녀로《겐지 이야기》를 썼다.

까요. '현실성'이라는 말은 무엇을 뜻할까요? 그건 아마 대단히 변덕스럽고 신뢰할 수 없는 무언가를, 먼지 날리는 비포장도로나 거리에 버려진 신문지 조각들, 햇빛을 받는 수선화 등 그때그때 다른 곳에서 모습을 드러내는 무언가를 뜻하는 듯해요. 그것은 방 안에 모인 사람들에게 빛을 비추기도 하고, 흔한 말 한마디를 마음속에 새기게도 하지요. 별빛을 받으며 집으로 걸어가는 이를 압도하기도 하고, 말로 가득 찬 세계보다 침묵하는 세계를 오히려 현실적으로 느끼게도 하는데— 심지어 소란스러운 피커딜리 거리를 지나는 버스 안에도 존재해요. 때로는 너무 멀리 있어서 그 본질을 알아볼 수 없는 형체 속에 깃들기도 해요. 그러나 일단 현실성이 닿으면 무엇이든 고정되고 영원해져요. 그것이 바로 시간이 하루 치 허물을 산울타리 너머로 벗어던진 뒤에 남는 것, 지나간 날들과 우리의 사랑과 미움이 남긴 것이지요. 이런 현실성 덕분에 작가에게는 다른 사람보다 오래 살 수 있는 기회가 주어져요. 현실성을 찾아내고, 수집하고, 다른 이들에게 전하는 게 바로 작가의 일이에요. 적어도 저는 《리어왕》이나 《에마》, 《잃어버린 시간을 찾아서》 등을 읽으며 그런 생각을 떠올렸어요. 이 책들을 읽는 건 감각을 감싸고 있던 백내장을 제거하는 섬세한 수술을 받는 것과 같아서, 다 읽고 나면 모든 것이 더욱 강렬하게 보이며, 마치 세상이 덮개를 벗고 더욱 강렬한 생명을 받은 듯 보이지요. 비현실적인 것들을 증오하며 살아가는 사람들은 부러운 이들입니다. 영문도 모르고 상관도 없는 일에 머리를 얻어맞는 사람들은 불쌍한 이들이에요. 그러니까 제가 여러분께 돈을 벌고 자기만의 방을 가지라고 말하는 건 현실성과 함께 살아가라고, 활기찬 삶을 살아가라고 당부하는 것과 같아요. 그런 삶이 누구에게 가르칠 수 있는 건지는 모르겠지만요.

저는 이쯤에서 멈추고 싶지만, 모든 강연은 거창한 결론으로 끝을 맺어야 한다는 관례가 신경 쓰이는군요. 여성을 대상으로 하는 결론은 특히 칭송하고 고상하게 꾸미는 무언가가 있어야 하지요. 저는 여러분이 더욱 고귀하고, 더욱 숭고해야 한다는 의무를 기억하기를 간곡히 부탁하고 싶어요. 얼마나 많은 일이 여러분에게 달렸는지, 우리의 앞날에 여러분이 얼마나 큰 영향을 미칠 수 있는지 여러분이 잊지 않게끔 하고 싶어요. 그러나 그런 권고들은 남성에게 맡겨도 괜찮을 거예요. 남성은 저보다 훨씬 강력한 호소력으로 여성에게 권고할 테고, 사실 지금까지도 그렇게 해왔으니까요. 저의 마음속을 샅샅이 뒤져보아도 동료가 되고, 동등한 대접을 받고, 세상이 더 나아지도록 영향력을 발휘하겠다는 숭고한 감정은 보이지 않아요. 저는 저도 모르는 사이에 짧고 무미건조한 말투로 다른 무엇이 아닌 자기 자신이 되는 것이 훨씬 더 중요하다고 말하지요. 품위 있게 표현할 수만 있다면 다른 사람들에게 영향을 미치겠다는 생각은 꿈도 꾸지 말라고도 했을 거예요. 생각하려는 대상 그 자체만을 생각하라고 말이에요.

신문과 소설과 전기 들을 훑어가며 읽다 보면, 여성이 여성에게 이야기할 때는 아주 불쾌한 무언가를 소매 속에 감추는 듯한 느낌이 들어요. 여성은 여성에게 엄격해요. 여성은 여성을 싫어하지요. 여성—여러분은 이 낱말이 지겨워 죽을 것 같지 않아요? 저는 그래요. 그러면 이제 우리는 한 여성이 여러 여성에게 읽어주는 강연문은 특별히 더욱 불쾌한 무언가로 끝나야 한다는 점에 동의하기로 해요.

그렇지만 그러려면 어떻게 해야 할까요? 제가 무슨 생각을 하면 좋을까요? 솔직히 말해서 저는 대체로 여성을 좋아해요. 여성의 비관습적인 면이 좋아요. 여성의 완벽함이 좋아요. 여성의 익명성이 좋아요. 여성의—이런 식으로 계속 나가면 안 되겠지요. 저기 저 벽장을 보세요. 여러분은 저 안에는 깨끗한 냅킨밖에 없다고 말하겠지만, 만약 냅킨 사이에 아치볼드 보드킨 경*이 숨어 있다면 어떻게 될까요? 그러니까 이제부터는 더욱 엄격한 말투로 말할게요. 앞서 제가 남성들의 경고와 질책을 여러분께 충분히 말씀드렸나요? 여러분에 대한 오스카 브라우닝 씨의 형편없이 낮은 평가는 말씀드렸어요. 나폴레옹이 한때 여러분을 어떻게 생각했는지, 무솔리니는 지금 어떤 생각을 하는지도 알려드렸지요. 혹시 픽션에 큰 뜻을 품고 있을지 모를 여러분을 위해서 용감하게 여성의 한계를 인정하라

---

* Archibald Bodkin. 당시 영국의 검찰총장이다. 래드클리프 홀의 동성애 소설《고독의 우물》과 D. H. 로렌스의 시집 출간을 반대했다.

는 어느 비평가의 조언을 그대로 옮겨 말씀드렸어요. 저는 X 교수를 소개하고, 여성은 정신적, 윤리적, 육체적으로 남성보다 열등하다는 그의 주장을 특별히 강조해서 말씀드렸어요. 따로 찾으려 하지 않아도 저절로 저를 찾아오던 모든 경고를 여러분께 전해드렸는데, 이제 마지막 하나만 남았어요. 바로 존 랭던 데이비스 씨의 경고예요.* 존 랭던 데이비스 씨는 "아이들을 전혀 원치 않는다면 여성은 아무짝에도 쓸모가 없을 것"이라고 여성에게 경고하지요. 이 말을 따로 적어놓으시기 바라요.

여러분이 생명을 만드는 일에 매진하기를 이보다 더 장려할 수 있을까요? 이제 결론을 시작할 테니 제 말씀을 잘 들어주세요. 저는 여러분과 같은 젊은 여성들이 부끄러울 만큼 무지하다고 생각해요. 여러분은 어떤 분야든 중요한 발견이라고는 한 번도 한 적이 없어요. 여러분은 제국을 뒤흔들거나 군대를 이끌고 전투에 참가한 적도 없지요. 셰익스피어 희곡은 여러분이 쓴 작품이 아니며, 야만스러운 종족에게 문명의 축복을 가져다준 적도 없어요. 여러분이 내세우는 변명은 무엇인가요? 여러분은 틀림없이 살갗이 검고 희고 커피색을 띤 사람들로 가득한 지구의 거리와 광장과 숲을 가리키며, 그들이 저마다 바쁘게 물건을 사고팔고, 모험을 하고, 사랑을 나누는 동안 우리는 다른 일들을 해야 했다고 말하겠지요. 우리가 그

---

* 존 랭던 데이비스, 《여성사 개요》 (원주)

렇게 일하지 않았다면 배는 바다 위를 지나지 못했을 거고, 기름진 땅은 사막이 되고 말았을 거라고요. 통계에 따르면 우리는 현존하는 16억 2,300만 명을 낳았고, 예닐곱 살이 될 때까지 먹이고 씻기고 가르쳤는데, 이런 일은 다른 사람의 도움을 받더라도 시간이 상당히 걸리는 일이라고 말이에요.

여러분의 말도 일리가 있고, 굳이 부인할 생각은 없어요. 그러나 동시에 저는 1866년 이후 영국에는 여자 대학이 적어도 두 곳 존재해왔다는 사실을 일깨워드리고 싶어요. 1880년 이후로는 여성의 재산권이 법적으로 보장되었고, 1919년에는 — 지금부터 딱 9년 전이네요 — 투표권도 보장되지 않았나요? 거의 모든 직업의 문이 여러분께 열린 것도 10년 가까이 되지 않나요? 이런 엄청난 특권과, 우리가 그런 특권을 누려온 시간과, 지금 이 순간에도 이런저런 방법으로 매년 500파운드를 벌 만한 능력이 있는 여성이 2만 명쯤 된다는 사실을 고려하면 경험과 훈련, 격려, 여가, 돈 등이 부족하다는 변명은 이제 통하지 않는다는 사실에 여러분도 동의하실 거예요. 그리고 경제학자들의 말에 따르면 시턴 부인은 아이를 너무 많이 낳았어요. 여러분도 아이를 낳아야겠지만, 이제 경제학자들은 두세 명은 괜찮아도 열 명, 열두 명은 안 된다고 말해요.

그래서 마음대로 쓸 수 있는 얼마간의 시간, 책에서 얻은 얼마간의 지식 — 여러분은 이미 다른 방면에 충분한 지식을 갖고 있기 때문에 여러분을 대학에 보낸 데는 어쩌면 탈교육화하려는 의도가 있는지도 몰라요—으로 여러분은 아주 길고 고되며 누구도 제대로 알아주지 않는 진로의 다음 단계로 접어들어야 해요. 앞선 이들의 몇천 개나 되는 펜이 여러분이 무엇을 해야 하며, 그 일로 어떤 결과가 초래될지 일러줄 거예요. 제가 여러분께 드리는 조언은 솔직히 제가 보기에도 환상적이기에, 저는 픽션 형식으로 표현하는 것을 선호하지요.

저는 이 강연문에서 셰익스피어에게 누이동생이 있었다는 말씀을 드렸는데, 그렇다고 시드니 리 경의 《셰익스피어 전기》에서 그녀를 찾지는 마세요. 요절했을뿐더러, 안타깝게도 글은 한 줄도 쓰지 않았으니까요. 그녀는 엘리펀트 앤드 캐슬 맞은편 어딘가, 지금은 버스 정류장이 되었을 곳에 묻혔어요. 그렇지만 저는 글 한 줄 쓰지 못하고 어느 네거리에 묻힌 이 시인이 아직도 살아 있다고 믿어요. 그녀는 여러분과 저 그리고 설거지를 하고 아이를 재우느라 오늘 밤 이곳에 오지 못한 수많은 여성의 안에 살아 있어요. 그래요, 살아 있어요. 위대한 시인들은 죽지 않으니까요. 그들의 존재는 사라지지 않아요. 다만 육체를 갖고 우리와 함께 걸을 기회가 없을 뿐이지요. 머지않아 여러분은 그녀에게 그런 기회를 안길 수 있을 거예요. 우리가 앞으로 100년쯤 더 살고—개개인의 짧은 삶이 아니라 진정한 삶이라 할 수 있는 우리들 공동의 삶—매년 500파운드의 수입과 자기만의 방을 마련한다면, 그리고 우리가 쓰고자 하는 바를 그대로 쓸 수 있는 용기와 자유로운 습성을 갖는다면, 또 가족이 함께 사용하는 거실에서 벗어나 인간을 서로의 관계뿐만 아니라 현실성과 관계 속에서 바라보고 하늘이든 나무든 모든 사물을 그 자체로만 본다면, 아무도 떨쳐낼 수 없는 밀턴의 악령 너머를 본다면, 또 우리가 매달릴 수 있는 팔은 없으며 혼자 힘으로 앞으로 나아가야 한다는 사실과 우리가 살아가는 세상은 현실성으로 이루어진 세상이지 남성과 여성으로 이루어진 세상만은 아니라는 사실을 당당히 직면한다면 언젠가 기회는 찾아올 테고, 셰익스피어의 누이동생인 죽은 시인은 스스로 몇 번이나 내던진 육신 속에 다시 깃들 거예요. 그녀는 오빠가 그러했듯이 이름 모를 선구자들의 삶에서 자신의 생명을 받아 태어날 거예요. 그런 준비 없이, 우리의 노력 없이, 다시 태어난 그녀가 이제는 살아갈 수 있고 시를 쓸 수 있다는 사실을 깨닫도록 만들겠다는 결심 없이는, 그녀가 오리라는 기대를 품어서는 안 되지요. 그건 불가능한 일이니까요. 그러나 나는 우리가 그녀를 위해 노력한다면 그녀는 올 것이며, 가난하고 누구도 알아주지 않는 삶을 살더라도 그런 노력은 충분한 가치가 있는 일이라고 믿어 의심치 않아요.

작품 해설

1928년 10월,《댈러웨이 부인》과《등대로》,《올랜도》의 연이은 성공으로 당대를 대표하는 작가의 반열에 오른 버지니아 울프는 케임브리지의 여자 대학 두 곳에서 열린 강연회에서 "머리가 좋고, 열심이며, 가난한" 젊은 여성들에게 "와인을 마시고, 자기만의 방을 만들라"고 조언했다. "굶주렸으나 용기 있는" 여대생들과의 만남에서 자신도 깊은 인상을 받았는지, 울프는 이 도발적인 강연을 바탕으로 여성의 문학 활동에 관한 자신의 생각을 정리하기 시작했고, 이듬해 10월 이 책《자기만의 방》을 발표했다.

위대한 남성 작가들이 즐비한 당시의 문단에서 여성 작가로서 당당히 성공한 울프는 자신의 성공을 개인적 명예로 즐기는 데 그치지 않고, 자신이 성공할 수 있었던 원동력, 즉 여성 작가에게 필요한 성공의 조건을 분석, 정리해서 다른 여성들과 함께 나누고자 했다. 더 많은 여성이 자신과 같은 문학적 성공을 거두기를 바라는 마음을 담아 〈여성과 픽션〉이라는 에세이를 썼고, 〈여성과 픽션〉은 몇 달에 걸친 퇴고 과정을 거친 뒤 1929년 10월 24일 '자기만의 방'이라는 제목으로 출간되었다.

"날카로운 여성적 울림이 있어, 친한 친구들조차 싫어할" 것이라는 작가 자신의 우려와는 달리, 《자기만의 방》은 출간되자마자 상당한 상업적 성공을 거두었고, 영국과 미국의 여성 독자들에게 큰 반향을 불러일으켰다. 그러나 당시의 비평가들은 이 실험적이고 도발적인 에세이를 괴팍한 여성 문호의 문학적 유희쯤으로 여기고, 큰 관심을 기울이지 않았다.

그렇게 소품 취급을 받으며 잊혀가던 《자기만의 방》을 재발견한 것은 1970년대의 여성주의 문학 비평가들이었다. 그들은 이 작은 에세이가 여성의 문학 활동을 사회학적으로 분석한 최초의 저술이라는 점에 주목했고, 남성 중심의 사회구조와 문학 전통이 여성의 문학 활동을 억압해왔다는 울프의 주장에 뜻을 같이했다. 이런 인식을 기반으로, 과거에 정당한 평가를 받지 못한 수많은 무명 여성 작가들이 새롭게 조명됐고, 이는 여성 작가의 작품을 바라보는 시선을 크게 바꾸는 계기가 되었다.

여성주의적 색채가 강한 글을 당대 어느 작가 못지않게 많이 쓴 버지니아 울프는 뜻밖에도 자신을 여성주의자로 보는 시각을 부담스러워했다. 그녀는 여성의 지위 향상보다 인류 전체의 해방을 우선시했고, 인도적 가치가 모든 사람에게 공평하게 적용되면 남녀평등은 저절로 성취될 것이라고 생각한, 여성주의자라기보다는 인도주의자에 가까운 생각을 갖고 있었다. 그러나 그녀가 죽고 30여 년이 지난 뒤 《자기만의 방》을 발견한 여성주의자들은 그 안에 전제된 "여성은 남성과 다를 뿐 열등하지 않다"는 울프의 주장을 열렬히 지지했고, 전통적인 남성적 글쓰기를 답습하는 대신 여성의 목소리를 찾으려고 노력했던 울프의 문학적 도전을 칭송했다. 부유한 부르주아 지식층 출신인 울프의 계급적 한계 때문에 여러 가지 비판의 여지가 있기는 하지만 《자기만의 방》은 초기 여성주의 운동을 대표하는 저작물로서 지금까지도 널리 읽히고 사랑받는 여성주의 텍스트로 자리 잡았다.

이 책의 속편 격인 《3기니》가 여성 문제 전반과 국제정치를 포괄하는 내용을 직설적이고 사실적으로 다룬 데 반해, 《자기만의 방》은 여성과 관련한 문학적 쟁점을 아름답고 섬세한 문학적 필치로 다룬다. 《자기만의 방》은 대단히 정치적인 에세이지만, 여성을 억압하는 남성 중심 사회를 성토하는 목소리는 화려한 문학적 장치들 속에 교묘하게 감춰져 있다. 울프는 가상의 화자와 '의식의 흐름' 기법 등 소설 기법을 적극적으로 도입해서, 자칫 자극적으로 들릴 수 있는 구호들을 매끄러운 이야기로 포장했다. 저자 스스로 결론을 내리는 대신, 에세이 속 화자가 시공간을 자유로이 넘나들며 겪는 여러 사건과 감정을 흥미롭게 나열하면서 독자로 하여금 소설을 읽듯 자연스럽게 과거와 현재의 여성 문학가들의 처지에 공감하도록 이끈다.

스스로 "과시적"이라고 말했을 정도로《자기만의 방》에는 작가로서 정점에 오른 울프의 문학적 역량이 짙게 배어 있다. 젊은 여성 문학도를 독자로 가정하고 여성의 문학 활동이 지향해야 할 방향을 제시하는 에세이에 문학적 기교가 가득하다는 점은 일종의 모범 답안을 제시하려는 의도로도 읽힌다.《자기만의 방》의 가장 두드러진 특징인 '의식의 흐름' 기법은 "여성적 글쓰기란 무엇인가"라는 물음에 대한 울프의 대답이라고 볼 수 있다. 울프는 남성의 언어로는 여성을 제대로 표현할 수 없으며, 위대한 남성 작가들이 이룩한 문학 전통을 그대로 답습하는 것만으로는 남성 이상의 문학적 성취를 거둘 수 없다고 단언한다. 대표적인 모더니즘 작가인 울프는 이전 세대의 사실주의 문학 전통을 가부장적인 남성 문화의 산물로 보았고, 사회적으로 익명의 존재인 여성의 마음을 표현하려면 인간의 의식을 중심으로 세계를 이해하는 모더니즘적 방식이 필요하다고 생각했다. 지금껏 드러나지 않은 여성들의 문학사를 발굴하고, 여성의 문학 활동을 억압하는 문제들을 고발하고, 젊은 여성 작가들에게 여성만의 목소리를 찾기를 촉구하는 이 에세이를 전통적인 이야기 전개 방식이 아닌 작품 속 여성 화자의 의식의 흐름에 따라 엮은 건 개인의 마음을 통해 세상의 진실을 발견할 수 있다고 생각한 실험적 모더니스트 울프에게는 당연한 선택이었다.

제목을 '여성과 픽션'에서 '자기만의 방'으로 바꾸었다는 사실에서 짐작할 수 있듯이, 울프는 여성 작가가 성공하려면 '자기만의 방', 즉 정신적·경제적 자유가 보장되어야한다고 생각했다. 이 '자기만의 방'은 단순히 물질적으로 독립된 공간을 의미할 뿐만 아니라, 남성 중심의 문학 전통에서 독립된 여성 문학, 더 나아가 문학의 본질을 왜곡하는 외부 조건에서 자유로운 풍요롭고 균형 잡힌 정신을 뜻한다. 여성의 문학 활동이 남성에 비해 저조하고 위대한 작가 반열에 오른 여성이 극히 드문 이유에 대해 울프는 남성들이 물질적 풍요를 독점하고, 여성의 사회적 활동을 방해하고, 여성이 열등하다는 그릇된 인식을 주입, 여성을 '집안의 천사'로 길들여왔기 때문이라는 사실을 밝히며, 그런 굴레에서 벗어나려면 남성에게서 경제적·정신적으로 독립해야 한다고, 즉 '자기만의 방'을 만들어내야 한다고 주장한다.

어려서부터 경제적 궁핍을 거의 모르고 살았고, 여느 남성 이상의 고등교육을 받았으며, 젊은 지식인 집단인 블룸즈버리 그룹의 일원으로 당대 최고의 지성들과 어울렸고, 자신의 작품 활동을 적극 지원하는 남편과 함께 살았던 울프는 늘 자기만의 방을 갖고 살았던 셈이다. 물질적 의미의 '자기만의 방'이 당연했던 삶을 산 그녀는 경제적·지적 풍요가 위대한 작가가 되기 위한 필요조건일 수는 있어도 충분조건이 될 수는 없다는 사실을 누구보다도 잘 알았다. 여성 작가로서 그녀의 고민은 여성의 문학 활동을 방해하는 사회적·문화적 장애물을 극복한 이후의 문제들이었을 것이다. 실제로《자기만의 방》을 쓸 당시, 여성에 대한 사회적 억압은 그녀 자신의 현실과는 동떨어진 문제였으며, 그녀가 평생 고민했던 건 스스로 만족할 만큼 문학적 가치가 뛰어난 작품을 쓰는 것이었다.

남녀를 불문하고 모든 문학가가 마주할 수밖에 없는 "위대한 문학작품의 본질은 무엇인가"라는 질문에 대해 울프는 "여성성과 남성성이 결합된 완전한 정신"을 해답으로 제시한다. 자기만의 목소리를 찾고, 자기 작품의 문학적 가치를 스스로 훼손하지 않으려면 자신이 여성임을, 또는 남성임을 의식하지 않고 완전히 균형 잡힌 정신을 유지해야 한다는 것이다. 이는 곧 남성 안의 여성성, 여성 안의 남성성을 인정하고 양성이 자기 안에서 평화롭게 어울리게끔 노력하는 작가만이 스스로 이야기하고자 하는 바를 왜곡 없이 전할 수 있다는 의미다. 결국 울프가 말하는 '자기만의 방'이란 지금껏 핍박받아온 여성성이 남성성과 균형을 이루고, 외부의 사회·문화적 모순에 영향을 받지 않는 풍요로운 정신을 의미한다.

울프는 지금껏 남성들이 자행한 여성성에 대한 억압이 여성뿐만 아니라 남성 작가들에게도 큰 피해를 주어왔다고 주장하며, 남성 스스로를 위해서라도 여성성을 존중할 것을 촉구한다. 한 발 더 나아가, 여성 작가도 스스로 억압받는 존재라는 생각을 떨쳐내야 문학적으로 완전해질 수 있다고 이야기한다. 여성이 작가로서 진정한 자유를 손에 넣으려면 남녀의 구분 자체에 얽매이지 않아야 한다는 것이다.

창작이라는 고도의 지적 행위는 세상을 바라보는 시각에서 시작된다. 도덕적 우열이 문학적 가치를 결정하거나 작가의 중립적인 태도가 작품성을 높이는 건 아니지만, 세상의 다양한 면면을 제대로 이해하지 못하고 자기 주장만을 고수하는 작가가 인류 전체의 영혼을 살찌울, 진정 위대한 걸작을 남길 수 있을까. 여성에게 주어진 온갖 장애물을 극복하고 마침내 '자기만의 방'을 갖게 된 여성 작가에게 울프가 건네는 마지막 충고는 핍박받는 여성으로서의 자의식마저 버리고 모든 존재를 있는 그대로 인정하라는 것이다. 상상력의 발목을 잡는 모든 구속에서 벗어나, 내가 나로서 자유로울 수 있는 곳, 그곳이 바로 진정한 '자기만의 방'이니까.

옮긴이

버지니아 울프 연보

1882년 런던의 유복한 가정에서 태어났다. 어린 시절 저명한 문예비평가이자 철학자인 아버지 레슬리 스티븐에게 개인 교육을 받으며 문학을 익혔다.

1895년 어머니 줄리아 스티븐이 사망했다.

1897년 킹스칼리지에서 그리스어와 역사 강의를 청강했다. 이복 언니 스텔라가 사망했다. 어머니를 잃은 슬픔이 더해져 신경 쇠약 증세가 처음 나타났다.

1902년 케임브리지대학교의 트리니티칼리지에 입학했다.

1904년 아버지 레슬리 스티븐이 사망했다. 최초로 자살을 시도했다.

1905년 문학, 미학, 경제, 정치 등을 논하는 모임인 블룸즈버리 그룹이 결성되었다. 구성원은 버지니아 울프, 존 메이너드 케

인스, E. M. 포스터 등이었다.

1912년 레너드 울프와 결혼했다.

1915년 첫 소설《출항》을 출간했다. 심리적으로 불안정하던 시절에 쓴 작품으로 추후 발표될 모든 작품의 씨앗이 들어 있다고 평가받는다.

1917년 레너드와 함께 호가스 출판사를 설립했다. 추후 영국에서 발표되는 울프의 모든 작품은 여기서 출간되었다.

1919년 두 번째 소설《밤과 낮》이 출간되었다. 요양 중이라 하루에 한 시간 반만 집필을 허락받은 상태에서 쓴 작품으로, 사랑과 결혼, 행복의 관계를 다뤘다.

1921년 단편집《월요일이나 화요일》이 출간되었다.

1922년 과감한 언어적 실험을 도모한 세 번째 소설《제이콥의 방》을 출간했다. 비타 색빌웨스트를 처음 만났다. 색빌웨스트는《올랜도》의 모델이 된 인물로 두 사람은 울프가 사망할 때까지 연인이자 친구로 가깝게 지냈다.

1925년 《댈러웨이 부인》이 출간되었다.

1927년 아버지의 세계와 어머니의 세계를 상징적으로 대조한《등대로》가 출간되었다.

1928년 한 시인이 수백 년의 시간 동안 성별을 바꾸며 살아가는 이야기를 다룬《올랜도》가 출간되었다.《등대로》로 페미나 상을 받았다.

1929년 대학에서 강의한 내용을 기초로 한《자기만의 방》이 출간되었다.

1931년 《파도》가 출간되었다. 울프는 이 작품을 '산문이면서 시, 소설인 동시에 희곡'이라고 평했다.

1937년 1880년대 빅토리아 시대부터 1930년까지의 세월을 포괄하는 이야기를 담은《세월》을 출간했다.

1938년 《3기니》를 출간했다. 파시즘과 전쟁, 제국주의 등을 여성의 입장에서 비판적으로 논한 작품이다.

1941년 마지막 소설이자 사후 출간된《막간》을 탈고했다. 서식스의 우즈강에서 자살로 생을 마감했다.

옮긴이 **정윤조**

서울에서 태어나 중앙대학교에서 영문학을 전공했고, 2009년부터 번역가로 활동하고 있다. 옮긴 책으로는 《39계단》, 《트루 그릿》 등이 있다.

자기만의 방

1판 1쇄 발행 2011년 6월 30일
2판 1쇄 발행 2025년 5월 23일

지은이 버지니아 울프 | **옮긴이** 정윤조
펴낸곳 (주)문예출판사 | **펴낸이** 전준배
출판등록 2004. 02. 11. 제 2013-000357호 (1966. 12. 2. 제 1-134호)
주 소 04001 서울시 마포구 월드컵북로 21
전 화 02-393-5681 | **팩 스** 02-393-5685
홈페이지 www.moonye.com | **블로그** blog.naver.com/imoonye
페이스북 www.facebook.com/moonyepublishing | **이메일** info@moonye.com

ISBN 978-89-310-2496-8 04800
ISBN 978-89-310-2365-7 (세트)

■ 문예세계문학선

★ 서울대, 연세대, 고려대 필독 권장 도서 ▲ 미국대학위원회 추천 도서
● 《타임》 선정 현대 100대 영문 소설 ▽ 《뉴스위크》 선정 세계 100대 명저

1 **젊은 베르테르의 슬픔** 괴테 / 송영택 옮김
▲▽ 2 **멋진 신세계** 올더스 헉슬리 / 이덕형 옮김
▲●▽ 3 **호밀밭의 파수꾼** J. D. 샐린저 / 이덕형 옮김
4 **데미안** 헤르만 헤세 / 구기성 옮김
5 **생의 한가운데** 루이제 린저 / 전혜린 옮김
6 **대지** 펄 S. 벅 / 안정효 옮김
●▽ 7 **1984** 조지 오웰 / 김승욱 옮김
▲●▽ 8 **위대한 개츠비** F. 스콧 피츠제럴드 / 송무 옮김
▲●▽ 9 **파리대왕** 윌리엄 골딩 / 이덕형 옮김
10 **삼십세** 잉게보르크 바흐만 / 차경아 옮김
★▲ 11 **오이디푸스왕 · 안티고네** 소포클레스 · 아이스킬로스 / 천병희 옮김
★▲ 12 **주홍글씨** 너새니얼 호손 / 조승국 옮김
▲●▽ 13 **동물농장** 조지 오웰 / 김승욱 옮김
★ 14 **마음** 나쓰메 소세키 / 오유리 옮김
★ 15 **아Q정전 · 광인일기** 루쉰 / 정석원 옮김
16 **개선문** 레마르크 / 송영택 옮김
★ 17 **구토** 장 폴 사르트르 / 방곤 옮김
18 **노인과 바다** 어니스트 헤밍웨이 / 이경식 옮김
19 **좁은 문** 앙드레 지드 / 오현우 옮김
★▲ 20 **변신 · 시골 의사** 프란츠 카프카 / 이덕형 옮김
★▲ 21 **이방인** 알베르 카뮈 / 이휘영 옮김
22 **지하생활자의 수기** 도스토옙스키 / 이동현 옮김
★ 23 **설국** 가와바타 야스나리 / 장경룡 옮김
★▲ 24 **이반 데니소비치의 하루** A. 솔제니친 / 이동현 옮김
25 **더블린 사람들** 제임스 조이스 / 김병철 옮김
★ 26 **여자의 일생** 기 드 모파상 / 신인영 옮김
27 **달과 6펜스** 서머싯 몸 / 안흥규 옮김
28 **지옥** 앙리 바르뷔스 / 오현우 옮김
★▲ 29 **젊은 예술가의 초상** 제임스 조이스 / 여석기 옮김
▲ 30 **검은 고양이** 애드거 앨런 포 / 김기철 옮김
★ 31 **도련님** 나쓰메 소세키 / 오유리 옮김
32 **우리 시대의 아이** 외된 폰 호르바트 / 조경수 옮김
33 **잃어버린 지평선** 제임스 힐턴 / 이경식 옮김
34 **지상의 양식** 앙드레 지드 / 김붕구 옮김
35 **체호프 단편선** 안톤 체호프 / 김학수 옮김
36 **인간 실격** 다자이 오사무 / 오유리 옮김
37 **위기의 여자** 시몬 드 보부아르 / 손장순 옮김
●▽ 38 **댈러웨이 부인** 버지니아 울프 / 나영균 옮김
39 **인간희극** 윌리엄 사로얀 / 안정효 옮김
40 **오 헨리 단편선** O. 헨리 / 이성호 옮김
★ 41 **말테의 수기** R. M. 릴케 / 박환덕 옮김
42 **파비안** 에리히 케스트너 / 전혜린 옮김
★▲▽ 43 **햄릿** 윌리엄 셰익스피어 / 여석기 옮김
44 **바라바** 페르 라게르크비스트 / 한영환 옮김
45 **토니오 크뢰거** 토마스 만 / 강두식 옮김
46 **첫사랑** 이반 투르게네프 / 김학수 옮김
47 **제3의 사나이** 그레이엄 그린 / 안흥규 옮김
★▲▽ 48 **어둠의 속** 조셉 콘래드 / 이덕형 옮김
49 **싯다르타** 헤르만 헤세 / 차경아 옮김
50 **모파상 단편선** 기 드 모파상 / 김동현 · 김사행 옮김
51 **찰스 램 수필선** 찰스 램 / 김기철 옮김
★▲▽ 52 **보바리 부인** 귀스타브 플로베르 / 민희식 옮김
53 **페터 카멘친트** 헤르만 헤세 / 박종서 옮김
★ 54 **몽테뉴 수상록** 몽테뉴 / 손우성 옮김
55 **알퐁스 도데 단편선** 알퐁스 도데 / 김사행 옮김
56 **베이컨 수필집** 프랜시스 베이컨 / 김길중 옮김
★▲ 57 **인형의 집** 헨리크 입센 / 안동민 옮김
★ 58 **소송** 프란츠 카프카 / 김현성 옮김
★▲ 59 **테스** 토마스 하디 / 이종구 옮김
★▽ 60 **리어왕** 윌리엄 셰익스피어 / 이종구 옮김
61 **라쇼몽** 아쿠타가와 류노스케 / 김영식 옮김
▲▽ 62 **프랑켄슈타인** 메리 셸리 / 임종기 옮김
▲●▽ 63 **등대로** 버지니아 울프 / 이숙자 옮김
64 **명상록** 마르쿠스 아우렐리우스 / 이덕형 옮김
65 **가든 파티** 캐서린 맨스필드 / 이덕형 옮김
66 **투명인간** H. G. 웰스 / 임종기 옮김
67 **게르트루트** 헤르만 헤세 / 송영택 옮김
68 **피가로의 결혼** 보마르셰 / 민희식 옮김

(뒷면 계속)

★ 69 **팡세** 블레즈 파스칼 / 하동훈 옮김
70 **한국 단편 소설선** 김동인 외
71 **지킬 박사와 하이드** 로버트 L. 스티븐슨 / 김세미 옮김
▲ 72 **밤으로의 긴 여로** 유진 오닐 / 박윤정 옮김
★▲▽ 73 **허클베리 핀의 모험** 마크 트웨인 / 이덕형 옮김
74 **이선 프롬** 이디스 워튼 / 손영미 옮김
75 **크리스마스 캐럴** 찰스 디킨슨 / 김세미 옮김
★▲ 76 **파우스트** 요한 볼프강 폰 괴테 / 정경석 옮김
▲ 77 **야성의 부름** 잭 런던 / 임종기 옮김
★▲ 78 **고도를 기다리며** 사뮈엘 베케트 / 홍복유 옮김
★▲▽ 79 **걸리버 여행기** 조너선 스위프트 / 박용수 옮김
80 **톰 소여의 모험** 마크 트웨인 / 이덕형 옮김
★▲▽ 81 **오만과 편견** 제인 오스틴 / 박용수 옮김
★▽ 82 **오셀로 · 템페스트** 윌리엄 셰익스피어 / 오화섭 옮김
★ 83 **맥베스** 윌리엄 셰익스피어 / 이종구 옮김
▽ 84 **순수의 시대** 이디스 워튼 / 이미선 옮김
★ 85 **차라투스트라는 이렇게 말했다** 니체 / 황문수 옮김
★ 86 **그리스 로마 신화** 에디스 해밀턴 / 장왕록 옮김
87 **모로 박사의 섬** H. G. 웰스 / 한동훈 옮김
88 **유토피아** 토머스 모어 / 김남우 옮김
★▲ 89 **로빈슨 크루소** 대니얼 디포 / 이덕형 옮김
90 **자기만의 방** 버지니아 울프 / 정윤조 옮김
▲ 91 **월든** 헨리 D. 소로 / 이덕형 옮김
92 **나는 고양이로소이다** 나쓰메 소세키 / 김영식 옮김
★ 93 **폭풍의 언덕** 에밀리 브론테 / 이덕형 옮김
★▲ 94 **스완네 쪽으로** 마르셀 프루스트 / 김인환 옮김
★ 95 **이솝 우화** 이솝 / 이덕형 옮김
★ 96 **페스트** 알베르 카뮈 / 이휘영 옮김
▲ 97 **도리언 그레이의 초상** 오스카 와일드 / 임종기 옮김
98 **기러기** 모리 오가이 / 김영식 옮김
★▲ 99 **제인 에어 1** 샬럿 브론테 / 이덕형 옮김
★▲ 100 **제인 에어 2** 샬럿 브론테 / 이덕형 옮김
101 **방황** 루쉰 / 정석원 옮김
102 **타임머신** H. G. 웰스 / 임종기 옮김
● 103 **보이지 않는 인간 1** 랠프 엘리슨 / 송무 옮김
● 104 **보이지 않는 인간 2** 랠프 엘리슨 / 송무 옮김
▲ 105 **훌륭한 군인** 포드 매덕스 포드 / 손영미 옮김
106 **수레바퀴 아래서** 헤르만 헤세 / 송영택 옮김
▲ 107 **죄와 벌 1** 표도르 도스토옙스키 / 김학수 옮김
▲ 108 **죄와 벌 2** 표도르 도스토옙스키 / 김학수 옮김
109 **밤의 노예** 미셸 오스트 / 이재형 옮김
110 **바다여 바다여 1** 아이리스 머독 / 안정효 옮김
111 **바다여 바다여 2** 아이리스 머독 / 안정효 옮김
112 **부활 1** 레프 톨스토이 / 김학수 옮김
113 **부활 2** 레프 톨스토이 / 김학수 옮김
▲● 114 **그들의 눈은 신을 보고 있었다** 조라 닐 허스턴 / 이미선 옮김
115 **약속** 프리드리히 뒤렌마트 / 차경아 옮김
116 **제니의 초상** 로버트 네이선 / 이덕희 옮김
117 **트로일러스와 크리세이드** 제프리 초서 / 김영남 옮김
118 **사람은 무엇으로 사는가** 레프 톨스토이 / 이순영 옮김
119 **전락** 알베르 카뮈 / 이휘영 옮김
120 **독일인의 사랑** 막스 뮐러 / 차경아 옮김
121 **릴케 단편선** R. M. 릴케 / 송영택 옮김
122 **이반 일리치의 죽음** 레프 톨스토이 / 이순영 옮김
123 **판사와 형리** F. 뒤렌마트 / 차경아 옮김
124 **보트 위의 세 남자** 제롬 K. 제롬 / 김이선 옮김
125 **자전거를 탄 세 남자** 제롬 K. 제롬 / 김이선 옮김
126 **사랑하는 하느님 이야기** R. M. 릴케 / 송영택 옮김
127 **그리스인 조르바** 니코스 카잔차키스 / 이재형 옮김
128 **여자 없는 남자들** 어니스트 헤밍웨이 / 이종인 옮김
129 **사양** 다자이 오사무 / 오유리 옮김
130 **슌킨 이야기** 다니자키 준이치로 / 김영식 옮김
131 **실종자** 프란츠 카프카 / 송경은 옮김
132 **시지프 신화** 알베르 카뮈 / 이가림 옮김
133 **장미의 기적** 장 주네 / 박형섭 옮김
134 **진주** 존 스타인벡 / 김승욱 옮김
135 **황야의 이리** 헤르만 헤세 / 장혜경 옮김